Der Marschall

(Catherine Booth- Clibborn)

James Strahan

Writat

Diese Ausgabe erschien im Jahr 2024

ISBN: 9789359946993

Herausgegeben von
Writat
E-Mail: info@writat.com

Inhalt

VORWORT

Dieses Buch ist das unerwartete Ergebnis eines kurzen Besuchs, den die Marschallin ihrer Tochter und dem Schriftsteller im Frühjahr dieses Jahres abstattete. Sie wurde täglich davon überzeugt, nicht so sehr über die Vergangenheit zu sprechen, sondern Teile ihres Lebens noch einmal zu leben, denn in ihrem Fall ist das Erzählen einer Geschichte die Inszenierung eines Dramas. Während einer Mahlzeit bleibt sie selten auf ihrem Platz, obwohl sie sich offenbar nicht bewusst ist, dass sie ihn verlässt, und überrascht ist, dass sie dorthin zurückkehren muss. Sie beginnt, einen Vorfall zu beschreiben, sich an ein Gespräch zu erinnern, eine Figur zu skizzieren, und sofort passt sie das Wort an die Handlung, die Handlung an das Wort an, hält der Natur den Spiegel vor und nutzt dabei ihre brillante dramatische Begabung, die als ist Für sie ist es so natürlich wie das Singen für Vögel, Gesichter hervorzurufen, Stimmen zurückzubringen, Szenen wiederherzustellen, die alle, ob ernst oder fröhlich, aus einer toten Vergangenheit hervorgerufen werden, die plötzlich wie durch die Bewegung des Zauberstabs eines Zauberers heraufbeschworen wurde , werde wieder lebendig.

Eines Tages sagte ich zu ihr: „Hast du nie daran gedacht, das alles der Welt zu schenken?" Sie antwortete: „Ich werde oft darum gebeten, und eines Tages werde ich es vielleicht tun." Bald darauf überraschte sie mich mit den Worten: „Ich bin zu dem Schluss gekommen, dass jetzt etwas geschrieben werden sollte, und Sie müssen es schreiben."

Eine Fülle von Materialien in Englisch, Französisch und Deutsch – Berichte, Briefe, Tagebücher, Zeitschriften und andere Dokumente – wurde mir daher zur Verfügung gestellt. Ich habe keinen Zehnten von dem ausgegeben, was ich erhalten habe, und vieles von dem, was übrig bleibt, ist genauso gut wie das, was eingenommen wurde. Ich bezweifle nicht, dass es bald noch mehr geben wird, die das Licht erblicken. Eine meiner besten Informationsquellen war das phänomenale Gedächtnis des Maréchale , das ich zahllose Male getestet habe und für ausnahmslos zutreffend befunden habe, außer in Bezug auf die Daten. Ereignisse werden in ihrem Kopf weniger mit Jahren als vielmehr mit Häusern und Kindern in Verbindung gebracht, die viel interessanter sind.

Bezüglich des Themas des vierzehnten Kapitels hätte die Marschallin ihr jahrelanges Schweigen lieber nicht gebrochen, aber nach der Lektüre ihrer Briefe und Tagebücher habe ich sie dringend gebeten, zunächst eine kurze Stellungnahme veröffentlichen zu lassen weil ich das Gefühl habe, dass sie ihren alten Kameraden im Kampf etwas schuldet, und zweitens für ihre eigene zukünftige Arbeit und die ihrer Familie. Die befragten Familienangehörigen und andere Freunde wünschen dies noch stärker als der Autor.

Dieses Buch besteht aus einigen Abschnitten aus einem Leben, das, wie Mrs. Brownings Granatapfel, „ein blutgetränktes Herz zeigt". Fügen Sie einem Herzen aus Liebe einen Geist aus Feuer hinzu, und Sie haben die Maréchale . Blut und Feuer – das war sie am Anfang, und das wird sie bis zum Ende sein. Man hat sie oft sagen hören, dass sie noch nie so in ihrem Element gewesen sei, als wenn sie beim Betreten einer Stadt in einem Theater oder Casino „allen Teufeln des Ortes" gegenüberstand . Sie freut sich, wann immer „Jesus eine Chance für eine Nacht bekommt." Im natürlichen Lauf der Dinge liegen ihre größten Schlachten noch vor ihr. England braucht sie, Frankreich vielleicht noch mehr. Möge es noch lange dauern, bis die Marschallin ihren letzten Feldzug erreicht! Inzwischen erklingt der alte Schlachtruf: *„En Avant!"*

Das Thema dieser Skizze, die während einer kurzen Pause von anderen Arbeiten geschrieben wurde, liegt derzeit in weiter Ferne, aber ich weiß, dass sie der Welt ein Gefühl für das Göttliche vermitteln möchte, die wunderwirkende Kraft, die ein Kind belohnt. wie der Glaube, und dass sie sich freuen wird, wenn jeder Leser das Buch mit einem *Gloire à Dieu schließt!*

JS

KAPITEL I

FEIN BERÜHRT ZU FEINEN THEMEN

Im Sommer 1865 fand der Evangelist William Booth sein Lebenswerk. Seit einiger Zeit war seine Fantasie aktiver als sonst. Er konnte sich des Gedankens nicht erwehren, dass all seine bisherigen Bemühungen nur vorläufige Lösungen für ein schwieriges Problem gewesen waren. Er verspürte den Anflug einer vagen Unzufriedenheit. Es schien, als würde er sich einem unerfüllten Ideal nähern . Endlich bekam er das innere Licht, das er brauchte. Während er eine Reihe von Treffen in einem Zelt abhielt, das auf dem stillgelegten Quäkerfriedhof in Baker's Row, Whitechapel, aufgestellt war, sah er seine himmlische Vision und hörte seinen göttlichen Ruf. Er nahm eine Mission an, die nicht weniger real war als die der hebräischen Propheten und christlichen Apostel. Die Worte, mit denen er seine Berufung beschreibt, sind Teil der Geschichte des Christentums in England. „Ich empfand mein Herz", sagt er, „stark und seltsam berührt von den Millionen Menschen, die im Umkreis von einer Meile um das Zelt lebten, von denen neunzig von hundert, wie sie mir sagten , nie den Klang der Stimme des Predigers gehört hätten." von Jahr zu Jahr. „Hier ist eine Kugel!" wurde mir ständig von einer inneren Stimme ins Ohr geflüstert ... und ich wurde ständig von dem Wunsch heimgesucht, mich Jesus Christus als Apostel für die Heiden von East London anzubieten. Die Idee oder himmlische Vision oder wie auch immer man es nennen mag überwältigte mich; ich gab nach; und was seitdem passiert ist, ist meiner Meinung nach nicht nur meine Rechtfertigung, sondern ein Beweis dafür, dass mein Angebot angenommen wurde."

So geschah es, dass er an einem denkwürdigen Juniabend, nachdem er sein Treffen und das Nachtreffen beendet hatte, nach Hause eilte, müde wie immer, aber mit einem seltsamen Leuchten im Gesicht, das auf ein ungewöhnliches Leuchten in seinem Herzen schließen ließ.

„Liebling", rief er seiner Frau zu, „ich habe meine Bestimmung gefunden!"

Seine unerwarteten Worte, wie die Berührung von Ithuriels Speer, bewiesen die Qualität der Weiblichkeit seiner Lebensgefährtin. Einen Moment lang zitterte sie unter der Prüfung. Während ihr Mann seine brennenden Worte über das Heidentum Londons aussprach und seine Überzeugung zum Ausdruck brachte, dass es seine Pflicht sei, anzuhalten und diesen Massen im East End zu predigen, saß sie da und blickte in den leeren Kamin. Die Stimme des Versuchers – so stellte sie sich vor – flüsterte ihr zu: „Das bedeutet einen weiteren Aufbruch, einen neuen Anfang im Leben." Sie dachte an fünf kleine Köpfe, die oben auf ihren Kissen schliefen, und erinnerte sich, dass sie bereits mehr als einmal häusliche Ängste durchgemacht hatte. Aber keine Frau, die damals lebte, war zu mutigeren Taten bereiter; Nur wenige, wenn überhaupt welche, waren so sehr von der Verachtung elender Ziele beseelt, die in sich selbst enden. Nachdem sie einige Minuten lang still nachgedacht und gebetet hatte, sagte sie:

„Nun, wenn Sie das Gefühl haben, dass Sie bleiben sollten, dann bleiben Sie. Wir haben dem Herrn einmal für unsere Unterstützung vertraut und können ihm wieder vertrauen."

Damit waren die Würfel gefallen und der Tag endete mit einer jener Szenen, die unsere gemeinsame Menschlichkeit veredeln. „Gemeinsam", sagt er, „demütigten wir uns vor Gott und widmeten unser Leben der Aufgabe, für die wir anscheinend schon seit fünfundzwanzig Jahren gebetet hatten. Ihr Herz kam zu meinem Herzen. Wir beschlossen, dass diese arme, untergetauchte Frau überlebt." , schwindlige, sorglose Menschen sollten von nun an unser Volk und unser Gott ihr Gott werden, soweit wir sie dazu bewegen konnten, ihn anzunehmen, und zu diesem Zweck würden wir mit Armut, Verfolgung oder was auch immer die Vorsehung in unserer Hingabe an das, woran wir glaubten, zulassen würde, konfrontiert werden Sei der Weg, den Gott für uns geplant hat.

Man ist völlig sicher, dass diese beiden modernen Apostel ihr Schicksal auch dann erfüllt hätten, wenn sie allein dagestanden hätten; aber es hätte kaum ein so reiches und herrliches Schicksal sein können, wenn Gott ihnen nicht Kinder geschenkt hätte, die ihre Gaben geerbt und ihnen geholfen hätten, ihre Ideale zu verwirklichen . Es ist die einfache Wahrheit, dass die vorherrschende Leidenschaft jedes ihrer acht Söhne und Töchter die Liebe zu den Seelen war; Jeder von ihnen freute sich darüber, im Dienst Christi, der der Dienst der Menschheit ist, Geld auszugeben und ausgegeben zu werden. und wenn eine von ihnen gesundheitlich zu schwach war, um eine militante Erlöserin zu sein, akzeptiert der große Kapitän unserer Erlösung den Willen zur Tat.

Unter all den kühnen und originellen Taten, durch die der modernen Kirche der Atem und die Flamme eines neuen Lebens verliehen wurden, ist keine auffälliger und dennoch keine einfacher und natürlicher als die Wiederbelebung der Kirche nach all diesen Jahrhunderten Apostolischer Dienst der Frauen. Wie Philipp der Evangelist von Cäsarea hatten William und Catherine Booth „vier Töchter, die prophezeiten"; mutige und begabte englische Mädchen, die, mit dem Heiligen Geist getauft , ihre Mitgift brennender Beredsamkeit nutzten, um Sünder zum Gnadenstuhl zu führen. Wenn heute „die Frauen, die die Botschaft verbreiten, ein großer Gastgeber" sind, verdeutlicht dies die Macht des Beispiels. In jeder neuen Bewegung muss es mutige Pioniere und aufopferungsvolle Anführer geben. Für die „Freiheit des Prophezeiens" der Frau musste wie für jede andere Form der

Freiheit ein Preis gezahlt werden. Der Zweck dieses kleinen Buches besteht darin, das Leben der ältesten der vier Tochter-Evangelisten von General Booth zu skizzieren, die berufen war, den Geist des Evangeliums – den Geist der Liebe Christi – zunächst in viele Städte Englands und danach zu tragen In Erfüllung ihres besonderen Lebenswerks reiste sie nach Frankreich und in die Schweiz, nach Holland und Belgien. Wenn ihre Geschichte so erzählt werden könnte, wie sie es verdient, würde sie als eine der bemerkenswertesten modernen Aufzeichnungen christlicher Arbeit gelten, denn heute lebt vielleicht niemand mehr, der so viel von dem gesehen hat, was Henry Drummond einst nannte „die zeitgenössischen Aktivitäten des Heiligen Geistes."

Catherine Booth die Ältere, die Mutter der Armee, war bereits in ihrem zweiunddreißigsten Lebensjahr, als sie ihre berühmte Broschüre über den *Dienst von Frauen schrieb* , und hielt nicht ohne Angst und Zittern ihre erste evangelistische Ansprache in der Bethesda-Kapelle in Gateshead-on -Tyne, wo ihr Mann Pfarrer war. Die kleine Catherine, die in dieser Kapelle getauft worden war , war im zweiten Jahr, als ihre Mutter begann, öffentlich zu sprechen, und im siebten Jahr, als ihr Vater seine Bestimmung erfuhr. Wahrscheinlich hatte kein Kind jemals größere Privilegien, als es genossen hat. Ihr irdisches Zuhause war ein Haus Gottes und ein Tor zum Himmel; und von Anfang an schien sie auf alles zu reagieren, was in ihrer Umgebung das Höchste und Beste war. Sie war eine dieser glücklichen Seelen, die sich nicht an ihre Bekehrung erinnern können, die sich nicht an eine Zeit erinnern können, in der sie den Herrn Jesus Christus nicht von Herzen geliebt haben.

Ihr Vater war der Mittelpunkt all ihrer kindlichen Gedanken und lebhaftesten Erinnerungen, und nichts konnte ihn jemals wirklich von seinem ersten Platz in ihrer Zuneigung verdrängen. Eine interessante Seite aus ihren frühesten Erinnerungen darf hier wiedergegeben werden. Als sie drei oder vier Jahre alt war, war ihr Vater ein wesleyanischer Pastor in Cornwall, wo sein Dienst zu einer Erweckung führte, bei der Hunderte von Seelen Erlösung fanden. Eines Nachts wurde Katie von ihrer Krankenschwester zu dem Treffen gebracht und stand bei ihrer Ankunft vor einer Treppe, die zur Galerie hinaufführte. Da sie sich für ein ziemlich großes Mädchen hielt, wollte sie hinaufsteigen, aber aus Angst vor der Menschenmenge schnappte sich die Krankenschwester sie und trug sie nach oben. Endlich waren sie drinnen, und was das Kind dann sah und hörte, prägte sich für immer lebhaft in seine Fantasie ein. Das große Gebäude war überfüllt. Unten auf dem Bahnsteig stand ihr Vater, neben ihm saß ihre Mutter. Er leitete den Gesang und hielt mit seinem zusammengeklappten Regenschirm den Takt, und das war der Refrain:

Lass die Winde stark wehen oder die Winde schwach wehen,

Es ist eine angenehme Reise nach Kanaan, Halleluja!

Wie sehr genoss die eifrige kleine Magd diese Reise und wie stolz war sie auf ihren Kapitän! Damals wehte der Wind schwach und die Sonne schien auf sie. Aber es konnte nicht immer schönes Wetter sein. Seit dieser fernen kornischen Zeit wehten die Winde oft stark, und manchmal fühlte sich der Seemann ohne Karte und ohne Ruder auf der dunklen, stürmischen See hin und her geworfen; doch je nachdem der Wind nachgelassen hatte, schien die Sonne wieder über den Wellen; und vor wie vielen Zehntausenden hat diese Tochter der Musik mit süßen Variationen das Lied ihres Vaters gesungen: „Es ist eine angenehme Reise nach Kanaan, Halleluja!"

Die Booth-Kinder hatten keinen Zweifel an ihrer Zukunft. Es gab ein Ende, einen Punkt, einen Zweck in ihrem Leben. Sie wuchsen in einer Atmosphäre der Entscheidung auf. Viele Kinder werden durch ihr Training schüchtern, zurückhaltend und wirkungslos. Ständig wird ihnen gesagt, wie unartig sie seien, bis sie anfangen zu glauben, dass sie zu nichts taugen. Die Booth-Eltern handelten nach einem anderen Prinzip. Sie hatten Vertrauen in ihre Kinder und für ihre Kinder. Als Katie noch ein kleines Mädchen in Socken war, sagte ihre Mutter zu ihr: „Nun, Katie, du bist nicht für dich selbst hier auf dieser Welt. Du wurdest für andere geschickt. *Die Welt wartet auf dich.* " Was für ein Satz Das hieß, ein kleines Mädchen mit ins Bett zu schicken! Dort dachte sie immer wieder über die Worte nach. „Mutter sagt, die Welt wartet auf mich. Oh, ich muss brav sein ... Wie egoistisch ich war, diese Orange zu nehmen!" Für ein Kind war die Lektion 1.000 Pfund wert. Bei der Entwicklung von Katies Geist und Charakter war der Einfluss ihrer Mutter natürlich sehr stark. Die Gemeinschaft zwischen ihnen wurde bald besonders innig und es war die Freude der Mutter, in der Tochter, die ihren Namen trug, ihr *Alter Ego zu finden.*

Katies Erinnerungen an ihr frühes Leben in London waren mit der christlichen Mission verbunden. Hand in Hand mit ihrer Schwester Emma und oft mit ihr singend: „Ich meine, bei Jesus Christus zu wohnen, willst du gehen?" Sie ging jeden Sonntagmorgen die große Straße entlang, die nach Whitechapel führte. Die Predigten unter freiem Himmel in Mile End Waste, Bethnal Green und Hackney hinterließen unauslöschliche Eindrücke in ihrem sensiblen Geist; durch den apostolischen Geist heiliger Begeisterung; durch die Gebetstreffen am Freitagmorgen, bei denen sich die Beamten allein trafen, um Gott anzuflehen und unter Tränen um mehr Macht zu ringen. All dies wurde zum Leitfaden ihres eigenen spirituellen Lebens und bereitete sie auf ihre hohe Berufung vor. Und obwohl sie sich nicht an den Tag ihrer Wiedergeburt erinnern konnte, erinnerte sie sich doch deutlich an mehrere Male, als sie sich mit Körper und Seele Gott weihte. In einem großen weiß getünchten Gebäude im East End predigte ihr Vater: „Die Töchter des

Königs sind alle herrlich in ihrem Inneren", und sie betete, dass sie die innere Reinheit erlangen möge, die sie zu einem Kind Gottes machen würde. Von einem Treffen christlicher Arbeiter rannte sie nach Hause in ihr Zimmer, schloss sich ein und übergab bewusst ihr Herz und ihr Leben Christus. Sie konnte vielleicht nicht alles begreifen, was ihr Bund bedeutete, aber eines verstand sie: dass sie berufen war, sich völlig hinzugeben, um Seinen Willen zu tun und Seelen zu retten.

In diesem Haus gab es viel Gelächter und Spaß. Die Booth-Kinder wurden alle mit dem dramatischen Instinkt geboren, und der Geist der christlichen Mission drang in den Kindergarten ein. Dort spielten sich nicht nur die großen Dramen der Bibel ab – Joseph und seine Brüder, David und Goliath, Daniel und die Löwen und viele andere –, sondern auch die Begegnung und die reuige Form, der Trunkenbold und der Abtrünnige, die Hoffnungsvollen und Der verzweifelte Fall wurde allesamt in den Theaterstücken der Kinder wiedergegeben. Katie und Emma brachten ihre Babys zu dem Treffen mit, und die Babys bestanden im Allgemeinen darauf, zu weinen, was Bramwell oder Ballington zur Verzweiflung brachte , die mit der Predigt aufhörten und den strengen Befehl gaben: „Bringt die Babys aus dem Theater", wogegen die Mütter empört waren protestierte: „Papa hätte nicht aufgehört, Papa hätte sowieso weiter gepredigt." Aber das dramatische Meisterwerk bestand darin, dass Ballington sich mit einem interessanten Fall befasste – im Allgemeinen mit einem Kissen –, indem er den armen, widerstrebenden Büßer überredete, zerrte, ihn auf den Gnadenstuhl schlug und ausrief: „Ah! Das ist ein guter Fall, segne ihn! ... Gib auf." das Getränk, Bruder. Das ist eine Szene, die immer noch manchmal zur Freude neuer Generationen nachgespielt wird.

Jesus selbst beobachtete die Spiele der Kinder, die auf dem Marktplatz pfiffen und trauerten. Das Leben ist trotz seiner fröhlichen Zwischenspiele nicht weniger anstrengend. Catherine, die bis in die Fingerspitzen dramatisch war, entwickelte schon sehr früh ein Gefühl für die Heiligkeit ihrer Pflicht. Das ihr vorgelegte moralische Ideal war das höchste, und ihr Gewissen war äußerst empfindlich. Sie war von dem Gefühl, was sein sollte, bedrückt und untröstlich, als es ihr nicht gelang, es zu erreichen. Ein tadelndes Wort schnitt ihr wie ein Messer, und manchmal weinte sie bis tief in die Nacht, wenn sie glaubte, das Vergnügen über die Pflicht gestellt zu haben. Es ist eine großartige Sache, Kindern die Religion näher zu bringen und ihnen insbesondere die Verpflichtung zu vermitteln, Christus in allem zu gefallen. Mrs. Booth stellte fest, dass Katie in ihren Vorstellungen darüber, was für Christen richtig und was falsch war, bereit war, alles zu tun und ihr sogar zu entkommen. Es ist amüsant zu hören, dass Katie, als die Mutter eines Tages ausging, um neue Kleider für ihre kleinen Mädchen zu kaufen, nicht „Kauft uns etwas Hübsches!" sagte. aber „Pass auf, dass du etwas Christliches bekommst!" und dass, als Mrs. Booth mit ihren Einkäufen nach Hause kam und Katie ihr entgegeneilte, die erste Frage des Kindes lautete: „Sind sie Christen?"

Aber das Pflichtgefühl kann krankhaft werden, wenn es nicht durch Liebe umgewandelt wird. Viele Diener Gottes erfahren nie das Geheimnis, das das Joch Christi leicht und seine Last leichter macht. Sie müssen sich eingestehen, dass sie nicht sagen können: „Deinen Willen zu tun, o Herr, macht mir Freude." Es wäre seltsam gewesen, wenn eines der Booth-Kinder das Geheimnis nicht erfahren hätte. Catherine entdeckte es früh, lernte es gründlich und es wurde in späteren Jahren zu einer der verborgenen Quellen ihrer Macht. Als Kind lebte sie in Gemeinschaft mit Christus; sie übte und spürte die wahre Präsenz; Sie verstand, dass das Christentum ein Gottesdienst ist, der durch eine göttliche Freundschaft verklärt wird. Im Victoria Park gab es eine schattige Gasse, durch die sie zu gehen pflegte, weil jemand neben ihr ging! In Clifton, wo sie eine Zeit lang lebte, hatte sie ein winziges Oberzimmer, in dem sie das Gefühl hatte, nie allein zu sein! Das war die Religion ihrer Kindheit, die sie nie ändern musste. Sie empfand es als völlig unabhängig von Zeit und Ort, Form und Zeremonie. Im Glanz des öffentlichen Lebens, im Sturm der Verfolgung, in der Stunde der Versuchung und Gefahr hatte sie immer eine Kathedrale, in die sie sich zurückziehen konnte, um Frieden zu finden. Sie war spirituell mit den hebräischen Mystikern verwandt, die im geheimen Ort des Allerhöchsten lebten und zu allen Zeiten einen Pavillon vor dem Streit der Zungen hatten. In ihrem Gefängnis in Neuenburg schrieb sie einige einfache Worte, die das Herz des christlichen Europa erschüttern ließen:

Bester Geliebter meiner Seele,

Ich bin hier allein mit Dir;

Und mein Gefängnis ist ein Himmel,

Denn du teilst es mit mir.

KAPITEL II

EINE MÄDCHEN-EVANGELISTIN

Wenn das Herz warm und voll ist, werden die Lippen beredt. Jesus erwartet von jedem seiner Nachfolger, dass er für ihn Zeugnis ablegt. Seine Erlösten sollten wenig Überzeugungsarbeit benötigen, um sich für seine Sache einzusetzen. Jede echte Bekehrung bringt einen neuen Fürsprecher für Seine Seite hervor. Stummheit ist eines der Zeichen der Unwirklichkeit in der Religion. Die Sünde des Schweigens wurde öffentlich und privat von den feurigen Zungen, die der Geist William und Catherine Booth gab, gebührend bestraft. Ihre Kinder lernten daher, dass es die Berufung eines jeden Christen ist, zu gegebener Zeit und zu Unzeiten für Christus zu sprechen und seine Ansprüche sowohl den Willigen als auch den Unwilligen durchzusetzen. Offenbar begann Katie mit ihren kleinen Gefährten im Victoria Park. Ihre alte Amme erinnert sich noch daran, wie sie kleine Gruppen um sich scharte und ihnen von der Liebe des Erlösers erzählte . Als sie zwölf Jahre alt war, lebte sie einige Zeit bei einer Familie in Clifton, mit der sie die Church of England besuchte. Eines Sonntagabends schickte der Pfarrer, der bemerkt hatte, dass ihr ernster Blick auf sein Gesicht gerichtet war, sie zu sich, damit er ein kleines Gespräch mit ihr führen könne. Er fragte sie, was ihr an der Bibel am besten gefiel, und sie antwortete: „Das Sühnopfer." Er war von ihrer Intelligenz so beeindruckt, dass er ihr einen Kinderkurs anbot, der bald groß wurde. Woche für Woche sprach sie mit den Kleinen über die Sünde und den Erlöser . Sie ließ die Märchenbücher los und strebte danach, sie umzuwandeln. Als sie an ihrem zwölften Geburtstag – dem letzten Tag, an dem sie mit einem Halbticket reisen konnte – nach Hause musste, erzählte sie ihrer Mutter von ihrem großen Wunsch, ihre Arbeit für Kinder fortzusetzen. Ihre Mutter stimmte bereitwillig zu, und bald gab es wöchentlich ein Treffen junger Leute in einem Zimmer im Erdgeschoss des Gore Road-Hauses. Nach einer Weile hatte Katie die Unterstützung ihrer Schwester Emma, die etwas mehr als ein Jahr jünger war als sie. In diesem Raum wurden Tränen vergossen, Geständnisse abgelegt und Leben verändert. Und dort lernten zwei der brillantesten Evangelisten unserer Zeit erstmals den Umgang mit Seelen. Sie waren in jeder Hinsicht verwandte Geister. Lange danach schreibt Emma an Catherine: „Wir werden immer ‚besondere Schwestern' sein." Wir waren Mamas erste zwei Mädchen und wurden Seite an Seite großgezogen – und Seite an Seite werden wir arbeiten und lieben, bis wir mit unseren Kindern wieder in ihrer Gegenwart vor dem Thron stehen!"

Katie war dreizehn, als sie zum ersten Mal öffentlich sprach. Niemand hat sie darum gebeten; Sie gab einem unwiderstehlichen inneren Impuls nach. Ihr ältester Bruder hielt eine Versammlung unter freiem Himmel gegenüber einem niedrigen Wirtshaus an der Ecke Cat und Mutton Bridge in Hackney ab. Katie war neben ihm und flüsterte: „Ich werde ein paar Worte sagen." Ihr Bruder war begeistert, und sie übermittelte ihre Botschaft mit einer Direktheit und Geläufigkeit, die Aufmerksamkeit erregte und bewies, dass sie eine geborene Rednerin war. Nicht lange danach sprach sie in der Anhörung des Generals, der an seine Frau schrieb: „Ich weiß nicht, ob ich Ihnen gesagt habe, wie erfreut ich war, als die liebe Katie am Sonntagmorgen auf der Straße sprach. Es war sehr schön und." wirksam. Segne sie!" „Von diesem Zeitpunkt an", sagt Herr Booth in einem Dokument von großer Bedeutung, „redete sie weiterhin gelegentlich in öffentlichen Versammlungen, aber erst im Alter von vierzehn bis fünfzehn Jahren war sie mit mir in Ryde, Isle of Wight." , dass ich die Frage vollkommen erkannt und geklärt habe. Während dieser Zeit kam mein ältester Sohn für ein paar Tage zu uns und hielt mit ein oder zwei anderen Freunden Treffen unter freiem Himmel ab; bei einer dieser Gelegenheiten begleitete Catherine sie und ihr Bruder veranlasste sie Sie forderte sie auf, ein paar Worte zu sagen, die, wie es schien, mit außergewöhnlicher Kraft auf die zuhörende Menge von Männern und anderen Menschen wirkten, zu denen normalerweise die Besucher dieser Orte gehören. Bei ihrer Rückkehr beschrieb mir mein Sohn die Auswirkungen ihrer Ansprache, aber nicht Da ich mich völlig von meinen alten Vorstellungen von Anstand emanzipiert hatte, erhob ich Vorwürfe und erhob solche Einwände, wie ich annehme, dass jede andere Mutter, die geweiht, aber nicht vollständig aufgeklärt ist, dagegen vorgebracht hätte, dass sie in einem so frühen Alter in eine so öffentliche Position gedrängt würde. Mein Sohn, Als sie mich mit großer Feierlichkeit und Zärtlichkeit ansah, sagte sie: „Meine liebe Mama, du musst diese Frage mit Gott klären, denn sie ist genauso sicher von Ihm für diese besondere Arbeit berufen und inspiriert wie du." Diese Worte waren Gottes Botschaft an meine Seele und halfen mir, mich über den Grund meines Einwands zu besinnen. Ich zog mich in mein Zimmer zurück und nachdem ich Gott mein Herz ausgeschüttet hatte, entschied ich mich für die Frage, dass ich von nun an keine Barriere mehr errichten würde zwischen einem meiner Kinder und der Ausführung seines Willens gegenüber ihnen und versuche mich zu freuen, dass sie, nicht geringer als ich, für würdig erachtet werden, um seines Namens willen Schande zu erleiden."

Von diesem Zeitpunkt an war Catherines Weg klar vorgezeichnet. Während sie ihre Ausbildung fortsetzte, zu der auch eine besondere Vorliebe für Französisch gehörte, übernahm sie nach und nach immer mehr öffentliche Arbeiten. Die Freude ihres Vaters über ihre heranreifenden Kräfte kam häufig zum Ausdruck, und ihre Begleitung mit ihm während der nächsten sechs Jahre ihrer Arbeit ist eines der schönsten Dinge in der Evangelisationsliteratur. „William", sagte Mrs. Booth über diese Zeit, „schreibt, dass er völlig erstaunt über Katie ist; er hatte keine Ahnung, dass sie so sprechen konnte, wie sie es tut. Er sagt, dass sie eine geborene Anführerin ist und es tun wird, wenn sie sich an die Sache hält." Tausende wurden gerettet... Loben Sie seinen Namen, damit sie an meiner Stelle stehen und seinen Namen den sterbenden Seelen tragen kann." Nachdem sie Treffen in verschiedenen Teilen Londons abgehalten hatte, von Stratford und Poplar bis Hammersmith, begann Catherine kurz vor ihrem siebzehnten Lebensjahr, in vielen anderen großen Städten Englands Evangelisationskampagnen durchzuführen, die manchmal drei Wochen oder einen Monat dauerten. Das größte Gebäude der Stadt war Sonntag für Sonntag und häufig auch an den Abenden unter der Woche dicht bevölkert; Hunderte von Menschen, mit denen sie jede Woche über die Erlösung ihrer Seelen sprechen können; Korrespondenz und Reisen; Unaufhörliche Arbeit und Verantwortung – diese Dinge absorbierten alle ihre körperlichen und geistigen Energien. Sie war noch ein gebrechliches Mädchen und litt eine Zeit lang an einer Verkrümmung der Wirbelsäule, die sie zwang, mit großer Schwäche und Schmerzen auf dem Rücken zu liegen. Wenn sie es dennoch schaffte, ist es offensichtlich, dass ihr „ wunderbar geholfen" wurde.

Im Jahr 1876 war Katie eine der Rednerinnen auf der jährlichen Konferenz in der People's Hall in Whitechapel. Als sie auf der Bühne erschien, wurde sie von ihrem langjährigen Freund, RC Morgan von *The Christian* , als „ein zerbrechliches, damenhaftes Mädchen von siebzehn Jahren, halb Frau, halb Kind, ein charakteristisches Produkt der christlichen Mission, dessen Worte wie der Sommer fielen" beschrieben Regen auf die nach oben gerichteten Gesichter der Menge. Dies war die Konferenz, auf der die epochale Maßnahme beschlossen wurde, Evangelistinnen mit der alleinigen Leitung der Stationen zu betrauen. Miss Booth war „allgemeinen evangelistischen Touren" vorbehalten.

Es ist interessant, einen Blick auf die Nummern des alten *Christian Mission Magazine zu werfen* und auf kurze Berichte über Catherines Arbeit zu stoßen. Aus Hammersmith (1875): „Miss Kate Booth [Alter 16] verbrachte einen Sabbat mit uns und predigte zweimal mit großer Akzeptanz. Eine große Zuhörerschaft war tief beeindruckt, und wir vertrauen darauf, dass einige wirklich zu Gott bekehrt wurden." Von Poplar: „Mr. Bramwell und Miss C. Booth waren bei uns. Am Sonntag- und Montagabend war der Saal überfüllt, und etwa dreißig Seelen suchten bei den beiden Gottesdiensten nach Erlösung ... Am Ostersonntag wurde das Gesicht einer Schwester verletzt." ein Stein, und schwere Steine fielen in letzter Zeit bei vielen Gelegenheiten auf einige; aber wir bleiben bestehen, als sähen wir Ihn, der unsichtbar ist." Aus Portsmouth: „Miss Booth begann mit der Unterstützung von W. Bramwell Booth eine Reihe besonderer Gottesdienste, die Gott zur Rettung vieler kostbarer Seelen segnete. Am Morgen predigte Miss Booth, und alle fühlten sich wohl, dort zu sein." Dann veranstaltete WB Booth am

Nachmittag ein Liebesfest . Am Abend predigte Miss Booth im Musiksaal vor über dreitausend Menschen. Der Geist wandte das Wort mit Macht an, und siebzehn lösten sich aus den Reihen der Sünde und rekrutiert sich unter dem Banner Jesu Christi." Wieder aus Portsmouth, einige Monate später: „Wir hatten Besuch von Miss Booth und ihrem Bruder Mr. Bramwell, und wieder segnete der liebe Herr ihre Arbeit in dieser Stadt. Jeder Gottesdienst war voller göttlicher Kraft; viele zitterten unter dem Wort und …" Ängstliche Menschen traten hervor und baten um Vergebung ihrer Sünden, bis die Büßerhalle und die Sakristei mit denen gefüllt waren, die in ihrer bitteren Seele Vergebung und Frieden durch Jesus suchten.

Aus Limehouse (1876): „Wir hatten die liebe Miss Booth und ihren Bruder und einen gesegneten Tag. Am Abend predigte sie mit wunderbarer Kraft, und zehn oder zwölf kamen für Gott heraus. Mögen sie treu bleiben!" Aus Portsmouth: „Miss Booths Besuch war ein großer Segen für uns alle. Nur sehr wenige, die ihr am Morgen zuhörten, werden vergessen, wie sie uns anflehte, unsere Körper als lebendiges Opfer darzubringen. Oh, möge Gott sie segnen und." Mache sie zu einem mächtigen Segen, um Christi willen." Aus Whitechapel (1877): „Bei einem unserer Gottesdienste am Sonntagabend richtete Miss Booth einen ernsthaften Appell mit dem Satz ‚Lauf, sprich mit diesem jungen Mann.' Obwohl sie sich in einem sehr schwachen Gesundheitszustand befand, half ihr der Herr selig. Das Wort war mit Macht, und elf Seelen entschieden sich für Jesus, darunter der bekehrte Potman . Dieser junge Mann war ein Anführer in kleinen und schelmischen Ärgernissen. Die Echtheit seiner Bekehrung war Dies wird dadurch bewiesen, dass er die Arbeit im Gasthaus aufgab, um eine ehrenhaftere Anstellung zu suchen. Aus Middlesbro (1878): „Miss Booth besuchte uns fünf Tage lang und viele bluterkaufte Seelen wurden gesegnet und gerettet. Ihr erster Sonntag bei uns war ein Tag der Macht, und er wird von den Anwesenden nicht so schnell vergessen." Es war ein großartiger Anblick, einen großen Saal bis zur Tür mit ängstlichen Zuhörern gefüllt zu sehen, während Hunderte weggingen; aber der großartigste Anblick von allen war, zu sehen, wie Alt und Jung zur reuigen Form strömten." Aus Leicester: „Miss Booths Verdienste lassen sich in der Aussage zusammenfassen , dass sie am ersten Sonntagabend zweiundzwanzig Seelen hatte und danach bis zum Schluss immer mehr Siege erzielte."

In Whitby fand ein sechswöchiger Feldzug statt, der von Kapitän Cadman organisiert wurde . Am ersten Sonntag „war der große Saal, der dreitausend Menschen fasst, gut gefüllt, und im Nachgottesdienst wurden viele Seelen zu Jesus gebracht." Am zweiten Sonntag wurde Miss Booth mit atemloser Aufmerksamkeit zugehört. Im Nachgottesdienst zogen wir das Netz an Land und hatten eine Vielzahl von Fischen, und unter ihnen stellten wir fest, dass wir einen Fuchsjäger, einen Hundezüchter und Trunkenbolde gefangen hatten , ein römisch-katholischer Mann, und viele andere. In den Abendgottesdiensten unter der Woche wurden jeden Abend Seelen gerettet. Der Besitzer der Halle hatte einige große Rechnungen herausgegeben, auf denen „Truppe arktischer Skater in der Kongresshalle für eine Woche" angekündigt wurde, aber er legte sie hin Sie schreckten sie ab, indem sie ihnen sagten, es hätte keinen Sinn zu kommen, da die ganze Stadt gerade evangelisiert werde . Die abschließenden Gottesdienste „zogen große Menschenmengen aus allen Teilen der Stadt und des Landes, Reichen und Armen, an, bis der Saal so voll war, dass es keine Stehplätze mehr gab." In einer Weiheversammlung: „Nach Miss Booths Ansprache bildeten wir einen großen Ring in der Mitte der Halle, der die Macht auf uns herabbrachte; Hunderte sahen mit Erstaunen und Tränen in den Augen zu, während andere sich ganz Gott hingaben." .. Geistliche wie einst Nikodemus kamen, um zu sehen, durch welche Macht diese Wunder bewirkt wurden, und kehrten zu ihren Gemeinden zurück und beschlossen, Gott besser zu dienen und das Evangelium in Zukunft treuer zu predigen."

Aus Leeds: „Miss Booth im Zirkus. Ein herrlicher Monat. Hartherzige Sünder sind zusammengebrochen. Das Beste von allem ist, dass unser eigenes Volk Gott auf segensreiche Weise nahe gekommen ist. Sonntagmorgens finden von neun bis zehn Liebesfeste statt ... Es Es wäre unmöglich, auch nur einen Überblick über die verschiedenen und herrlichen Fälle der Bekehrung zu geben, die uns im vergangenen Monat zur Kenntnis gekommen sind. Denn wahrlich, Christus hat Reiche und Arme, Jung und Alt in seine Herde gebracht." Aus Cardiff: „Die Frage: ‚Hat dieses Werk Bestand?' erhielt am Sonntag eine großartige Antwort. Die Menschenmengen, die die Stuart Hall füllten, um Miss Booth zu hören, waren die größten, die man in den vier Jahren der Geschichte der Mission dort gesehen haben kann. Aus King's Lynn: „Miss Booths Mission. Die Stadt hatte einen königlichen Besuch vom Lord of Lords und King of Kings. Es gab ein großes Erwachen und Zittern und eine Hinwendung zum Herrn. Ganze Familien wurden gerettet, und zwar ganz Gerichte haben nach Erlösung gesucht. Unser Heiligkeitstreffen wird nie vergessen werden ... Die Arbeit hier geht prächtig voran. Nicht nur in Lynn, sondern meilenweit in der Stadt ist bekannt, dass eine wunderbare Arbeit geleistet wurde und immer noch voranschreitet. "

Alle diese Schlachten und Siege verfolgte der General natürlich mit großem Interesse und war, so oft es möglich war , an der Seite seiner Tochter. Mrs. Booth kam zu ihnen, als sie gemeinsam eine Kampagne in Stockton-on-Tees eröffneten, und schickte ihre Eindrücke an eine Freundin. „Pa und Katie hatten gestern einen gesegneten Anfang. Der Saal war nachts überfüllt und es gab fünfzehn Fälle. Ich habe Katie zum ersten Mal gehört, seit wir in Cardiff waren. Ich war erstaunt über den Fortschritt, den sie gemacht hatte.

Ich wünschte, du wärst dort gewesen, ich ." Ich glaube, du hättest dich genauso gefreut wie ich. Es war süß, zärtlich, gewaltsam und göttlich. Ich konnte nur anbeten und weinen. Sie sah aus wie ein Engel, und die Menschen waren dahinschmelzend und verzaubert wie Kinder." Der General begann, sie seine „ Blücher " zu nennen , denn sie half dabei, viele hart umkämpfte Schlachten zu gewinnen, die er sonst vielleicht verloren hätte. Wenn die Rowdys drohten, bei einem Treffen die Oberhand zu gewinnen, sagte er: „Zieh Katie an, sie ist unsere letzte Karte; wenn sie versagt, schließen wir das Treffen."

„Ich erinnere mich", schrieb ihr ältester Bruder, „an einem Sonntagabend in einer bestimmten Stadt im Norden ereignete sich ein bemerkenswertes Beispiel dafür. An den Türen des Theaters versammelte sich eine Menschenmenge, bestehend aus den niedrigsten und rauesten Menschen der Stadt, die überwältigend waren." Die Türhüter drängten sich in das Gebäude und nahmen eine der Galerien vollständig in Besitz, so dass dieser Teil des Theaters, als der Rest des Theaters besetzt war, eine Szenerie darstellte, die eher einem überfüllten Schankraum ähnelte als der Galerie, für die eigentlich etwas vorgesehen war Im Moment war es ein Ort der Anbetung. Reihenweise saßen Männer rauchend und spuckend, andere unterhielten sich und lachten laut, während viele mit Hüten in den Gängen und Gängen standen und Witze und Kritik der gröbsten Art schwatzten . All dies ging weiter Während der Eröffnungsübungen gab es kaum Pausen, und die Ängstlicheren unter uns hatten praktisch die Hoffnung auf das Treffen aufgegeben, als Miss Booth aufstand, vor dem kleinen Tisch direkt vor dem Rampenlicht stand und voller Gefühl und Salbung zu singen begann da es unmöglich ist, es mit Feder und Tinte zu beschreiben,

„Die Felsen und die Berge werden alle fliehen."

Und an diesem Tag wirst du ein Versteck brauchen.'

Im ganzen Haus herrschte augenblickliche Stille; Nachdem sie zwei oder drei Strophen gesungen hatte, hielt sie inne und verkündete ihren Text: „Lass mich den Tod der Gerechten sterben und mein letztes Ende sei wie seines." Während sie dies tat, wurde fast jeder Kopf in der Galerie entblößt, und innerhalb von fünfzehn Minuten waren sowohl sie als auch jeder der fünfzehnhundert Anwesenden völlig in ihr Thema vertieft, und vierzig Minuten lang rührte sich niemand in dieser widerspenstigen Menge oder sprach etwas, bis … Sie richtete ihren abschließenden Appell und forderte Freiwillige auf, das neue Leben der Rechtschaffenheit zu beginnen, als ein großer, marineblau aussehender Mann aufstand und inmitten der

Menschenmenge auf der Galerie ausrief: „Ich werde einen machen!" In dieser Nacht folgten ihm dreißig weitere.

CATHERINE BOOTH
(Aus einem Porträt von Edward Clifford, ausgestellt in der Royal Academy
und präsentiert an Mrs. Booth)

Es ist durchaus möglich, dass der General große und zuversichtliche Hoffnungen auf den jungen Seelengewinner hegt. „Papa", schrieb Mrs. Booth, „sagte, er sei sehr stolz auf sie gewesen, als sie neulich an der Spitze einer Prozession an seiner Seite ging, gefolgt von einer riesigen Menschenmenge. Er drehte sich zu ihr um und sagte: ‚Ah, Mein Mädchen, du wirst bald eine Krone tragen.'"

Mit welchen Wünschen und Gebeten die Mutter dieses *Wunderkindes* eine solche Karriere verfolgte, zeigen ihre Briefe. „Oh, es scheint mir, wenn ich an deiner Stelle wäre – jung – ohne Sorgen oder Ängste – mit einem solchen Start, einem solchen Einfluss und einer solchen Aussicht, könnte ich mich vor Freude nicht zurückhalten. Ich würde tatsächlich streben." „die Braut des Lammes" zu sein und Ihm im Kampf für die Erlösung armer, verlorener und elender Menschen zu folgen ... Ich möchte nicht, dass du irgendwelche

Gelübde ablegst (es sei denn, der Geist führt dich tatsächlich dazu). Tun Sie dies), aber ich möchte, dass Sie Ihren Geist und Ihr Herz darauf ausrichten, Seelen zu gewinnen, und alles andere dem Herrn überlassen. Wenn Sie dies tun , werden Sie glücklich sein – oh, so glücklich! Ihre Seele wird dann vollkommene Ruhe finden Herr , gewähre es dir, mein liebes Kind ... Ich bin „bei vielen Dingen vorsichtig" gewesen. Ich möchte, dass du dich nur um das *Eine* kümmerst ... Schau nach vorne, mein Kind, in die Ewigkeit – *weiter* und weiter und weiter. Du sollst *für immer leben* . Dies ist nur die Kindheit der Existenz – die Schulzeit , die Zeit. Dann ist die große, große, herrliche ewige Ernte."

Welche Gaben auch immer die Mitgift der jungen Evangelistin waren, sie weigerte sich, sich in den Augen Gottes als anders zu betrachten als die ärmsten und gemeinsten Sünder. Wenn Gott sie liebte, liebte er alle mit gleicher Liebe. Diese Überzeugung war die treibende Kraft ihrer gesamten Evangelisation. Eine begrenzte Sühne war für sie undenkbar. Wie oft hat sie ein großes Publikum dazu gebracht, die große Hymne ihres Vaters zu singen: „O grenzenlose Erlösung, so voll und so frei!" Als sie in Portsmouth einen bemerkenswerten Feldzug führte, befand sie sich eines Tages unter einer Reihe von Ministern der Stadt, von denen einer in seiner Bewunderung für sie und ihre Arbeit beharrlich darauf bestand, sie eine der Auserwählten zu nennen . Dies führte zu einer lebhaften Diskussion über die Wahl. Katie hörte eine Weile zu, verlor aber schließlich die Geduld und sagte beim Aufstehen: „Ich gehöre nicht zu den Auserwählten und möchte es auch nicht sein. Ich wäre lieber bei den armen Teufeln draußen als bei euch." innen." Nachdem sie diese Bombe abgefeuert hatte , flog sie nach oben zu ihrer Mutter. "Oh!" Sie schrie: „Was habe ich getan?" Als sie wiederholte, was sie gesagt hatte, schrie ihre Mutter, deren Lachen immer herzlich war, vor Freude. Wahlen, so wie sie gemeinhin gelehrt werden, waren für die Mutter der Armee ein schlimmes Gift . Die Lehre, dass Gott aus reinem Wohlgefallen *einige* zum ewigen Leben erwählt hat, machte sie wütend vor Empörung. Als ihr Sohn Bramwell sich eine Zeit lang in Schottland aufhielt, schrieb sie ihm: „Es scheint eine Besonderheit der schrecklichen Lehre des Kalvinismus zu sein, dass sie diejenigen, die sie vertreten, weitaus mehr an ihrer Verbreitung interessiert und besorgt macht als an der Verminderung der Sünde und." die Errettung der Seelen... Vielleicht wird Gott Ihre Schleuder und Ihren Stein segnen, um seinen Diener aus den Fängen dieses Höllenbären – des Calvinismus – zu befreien."

Man fragt sich natürlich, was in dieser Zeit aus Catherines Ausbildung geworden ist. Zu diesem Thema vertrat auch Frau Booth starke Ansichten. Als ihre Tochter sechzehn war, schrieb sie ihr: „Sie dürfen nicht denken, dass wir Bildung nicht richtig schätzen oder dass uns das Thema gleichgültig ist. Wir haben uns selbst die gemeinsamen Lebensbedürfnisse verweigert, um

Ihnen das Beste zu geben, was in unserer Macht steht." und ich denke, das hat bewiesen, dass wir den richtigen Wert darauf legen. Aber wir stellen Gott und Gerechtigkeit *an die erste Stelle und Bildung an die zweite Stelle, und wenn ich ein Leben hätte, müsste ich* noch einmal von vorne beginnen Ich sollte noch genauer sein ... Ich möchte, dass Sie lernen, Ihre Gedanken kraftvoll und gut zusammenzusetzen, logisch und klar zu denken, kraftvoll zu sprechen, *dh* mit einer guten, aber einfachen Sprache, und leserlich und gut zu schreiben, was wird mehr mit Ihrer Nützlichkeit zu tun haben als die Hälfte des nützlichen Wissens, das Sie benötigen würden, um Ihre Zeit am College zu verbringen." Als die Rektorin eines Ladies' College, die an den Treffen von Mrs. Booth teilgenommen hatte und gesegnet worden war, anbot, Catherine zu empfangen und Mrs. Booth, die sie unentgeltlich erzog, lehnte das verlockende Angebot dankend ab, nachdem sie das College besucht und die Atmosphäre des Ortes genossen hatte. Einige werden natürlich geneigt sein, die Weisheit der Entscheidung der Mutter in Frage zu stellen. Das sollte nicht unmöglich sein Kombinieren Sie die edelste Gelehrsamkeit mit dem glühendsten Glauben. Doch jede Disziplin muss nach ihren Früchten beurteilt werden. Wie viele Catherine Booths sind bisher von Newnham und Girton hervorgebracht worden ?

Lange nachdem Katharina II. ihr Heimatland verlassen hatte, erhielt sie weiterhin Briefe von ihren englischen Konvertiten, und als sie nach vielen Jahren ihre evangelistische Arbeit in England wieder aufnahm, kamen Menschen, die sie noch nie zuvor gesehen und von denen sie noch nie gehört hatte und sag ihr, dass sie durch ihre Mission an diesem oder jenem Ort gerettet wurden. All diese Zeugnisse waren wie Glocken, die in ihrer Seele läuteten. Einer von vielen kann erklingen. Henry Howard, heute Stabschef der Armee, schrieb 1896 in einem Brief nach Paris: „Ich habe Ihren Ilkeston-Feldzug vor sechzehn Jahren sicherlich nie vergessen, als Gott Ihre Seele zu einem Boten für meine Seele machte. Sie führten mich zu einem offene Tür, an die ich mich gerne erinnere, als ich eintrat, und in diesen vielen Jahren war Ihr eigener Anteil an der Veränderung meines Lebens oft Gegenstand dankbaren Lobes.

KAPITEL III

DAS GEHEIMNIS DER Evangelisation

Nach vielen Siegen im Inland begannen William und Catherine Booth, sich im Ausland umzusehen. Sie erkannten, dass „das Feld die Welt ist", und sie sehnten sich danach, ihre Operationen auf dem Kontinent aufzunehmen. Im Sommer 1881 widmeten sie ihre älteste Tochter mit großen Hoffnungen und einigen natürlichen Ängsten Frankreich. Indem sie ihr gaben, gaben sie ihr Bestes. Obwohl sie ein zartes Mädchen war, war sie zu einer der größten spirituellen Kräfte Englands geworden. Sie überzeugte große Menschenmengen durch etwas Höheres als bloße Beredsamkeit. Wohin sie auch ging, kam es zu Erweckungen und Hunderte wurden bekehrt. In ihren Appellen lag ein Pathos und eine Kraft, die sie unwiderstehlich machte.

Zum Zeitpunkt ihrer Abreise erhielt sie viele Briefe von Freunden, denen sie geistig geholfen hatte und denen klar wurde , wie sehr sie sie in England vermissen würde. Nirgendwo hatte sie mehr Gutes getan , nirgends konnte ihre Abwesenheit eine größere Leere hervorrufen als in ihrem eigenen Zuhause. Ihre Schwester Eva schrieb: „Ich kann den Gedanken nicht ertragen, dass du nicht mehr da bist. Du hast mich immer verstanden. Ich hoffe, dass ich dir eines Tages von Nutzen sein kann, als Gegenleistung für alles, was du für mich getan hast." Und ihr Bruder Herbert schrieb ihr: „Du kannst nicht wissen, wie sehr ich deinen Weggang gespürt habe. Der Schlag kam so plötzlich. Du warst weg. Nur Gott und ich selbst wissen, wie viel ich in dir verloren hatte. Ich kann ehrlich sagen, dass du *alles warst."* *für mich, und wenn* du nicht gewesen wärst, wäre ich nie dort gewesen, wo und wo ich jetzt geistig bin. Gott segne dich tausendtausendmal . Oh! Wie sehr sehne ich mich danach, dir nach allem, was du hast, ein kleiner Dienst zu sein war für mich... Tausende und Abertausende wahrer, liebevoller Herzen tragen dich zum Ewigen Thron, meines unter ihnen. Du hast eine Chance, für die die Menschen der Vergangenheit ihr Blut gegeben hätten und für die sogar die Engel darin sind Der Himmel begehrt.

Damals gab es keine *Entente Cordiale , und bei dem Gedanken, sich von Katie zu trennen und sie in die Slums von Paris ziehen zu lassen, gestand Mrs. Booth, dass sie „unaussprechliche Dinge empfand".* In einem Brief an eine Freundin schrieb sie: „Die Zeitungen, die ich über den Zustand der Gesellschaft in Paris lese, lassen mich erschauern, und ich sehe alle Gefahren, denen unser Liebling ausgesetzt sein wird!" Aber wenn ihre Ängste groß waren, war ihr Glaube größer. Auf die Frage von Lady Cairns, wie sie es wagen konnte, ein so junges und schutzloses Mädchen in eine solche Umgebung zu schicken, antwortete sie: „Ihre Unschuld ist ihre Stärke, und Katie kennt den Herrn." Und wenn Katie selbst gebeten wurde, das Christentum zu definieren, antwortete sie:

„Christentum ist Heldentum!" Gab es für ein Mädchen dieses Geistes überhaupt etwas so Furchtbares im französischen Volk? Gab es nicht eher eine von vornherein festgelegte Harmonie zwischen ihr und dem angenehmen Land Frankreich, wie ihre bemerkenswerte Vorliebe für die französische Sprache bereits anzudeuten schien? Gibt es eine Nation auf der Welt, die so ritterlich ist wie die Franzosen? Gibt es eine Nation, die so empfänglich für den Charme des Auftretens und die magnetische Kraft der Persönlichkeit ist? Gibt es eine Nation – trotz all ihres Hasses auf den Klerikalismus –, die mit einem so unfehlbaren Sinn für die Schönheit wahrer Heiligkeit ausgestattet ist? *Mut, Kamerad !*

Mit welchen Ideen begann Catherine ihre Arbeit in Paris? Was war ihr Wahlkampfplan? Wie hoffte sie zu siegen? Lassen Sie uns in diesen Punkten auf sie hören. „Ich sah", sagt sie, „dass die Brücke nach Frankreich darin bestand, das französische Volk dazu zu bringen, an mich zu glauben. Das ist es, was die Protestanten nicht verstehen. Sie predigen die Bibel, sie schreiben Bücher, sie bieten Traktate an. Aber das ist nicht der Fall." Machen Sie die Arbeit. „Verfluchen Sie Ihre Bibeln, Ihre Bücher, Ihre Traktate!" schreien die Franzosen. Ich habe Tausende von Testamenten gesehen, die zu sehr geringem Zweck verschenkt wurden. Ich habe gesehen, wie sie zu leichten Zigarren zerrissen wurden. Und die Überzeugung, die in meinem Kopf Gestalt annahm, war, dass es keinen Glauben gäbe, wenn ich es nicht schaffte, in mir Glauben zu wecken Hoffnung. Nur wenn Jesus in Fleisch und Blut erhöht wird, wird er heute alle Menschen zu sich ziehen. Wenn ich *ihn nicht geben kann* , werde ich scheitern. Frankreich hat bis jetzt nicht auf Religion, auf Predigt, auf Beredsamkeit gewartet. Etwas mehr ist nötig. „Ich, der zu dir redet, bin Er" – in gewisser Weise wartet die Welt heute darauf. Man könnte sagen, dass dies zu Fanatismus und zu allen möglichen Fehlern führt; und doch komme ich immer zurück dazu. Die Grundidee Christi, sein Mittel, die Welt zu retten, ist schließlich die Persönlichkeit. Das Gesicht, der Charakter, das Leben Jesu ist in Männern und Frauen zu sehen. Dies ist die Brücke zu den brodelnden Massen, die an nichts glauben, die die Religion hassen, die „Nieder mit Jesus Christus!" rufen. Welches Mitgefühl empfand ich mit ihnen, als ich ihren wütenden Schreien gegen etwas zuhörte, das sie nie wirklich gesehen oder gewusst hatten. Sie rufen „Jesuiten", aber sie haben Jesus nie gesehen. Könnten sie ihn nur sehen, würden sie ihn trotzdem „freudig empfangen". .' Es ist die Religion der Priester, die sie verbittert hat. „Geld, um sich taufen zu lassen ! Geld, um zu heiraten! Geld, um begraben zu werden!" war das, was ich sie murmeln hörte. Ah! Sie erkennen schnell den Komiker in der Religion und ebenso schnell die Realität. Frankreich ist empfindlicher gegenüber uneigennütziger Liebe als jede Nation, die ich je gekannt habe. Frankreich wird niemals eine Religion ohne sie akzeptieren opfern.

„Das waren die Überzeugungen, mit denen ich die Arbeit in Paris begann, und wenn ich sie heute noch einmal beginnen müsste, würde ich in die gleiche Richtung gehen. Als ich wusste, was ich tun musste, war mein Geist beruhigt.". Ich sagte: „Wir werden uns für sie einsetzen; sie werden wissen, wo wir leben, sie können uns Tag und Nacht überwachen, sie werden sehen, was wir tun, und uns richten." Und das Wunderbare in den ersten Jahren unserer Arbeit in Frankreich und der Schweiz war *die Flamme*. Wir haben sie auf der ganzen Linie angezündet. Wohin wir auch gingen, wir brachten das Feuer mit, wir fachten es an, wir kommunizierten es. Wir konnten nicht anders, als es zu tun weil es in uns war, und das war es, was uns zu Leidenden machte. Das Feuer musste Tag und Nacht in uns brennen. Das ist unser Symbol – das Feuer, das Feuer!

Seigneur, das ist mein Herr coeur réclame ,

C'est le Feu ...

Le seul Secret de la Victoire,

C'est le Feu.

Wir alle wissen, was das Feuer ist. Es wärmt und es brennt; es verbrennt die Pharisäer und bringt die Feiglinge in die Flucht. Aber die arme, versuchte, unglückliche Welt weiß, von wem sie entfacht wird, und sagt: „Ich kenne dich, wer du bist – der Heilige Gottes!"

„Das war es, was die Hallen in Havre und Rouen, Nîmes und Bordeaux, Brüssel und Lüttich füllte. Wir verkörperten Jemanden, und das war die Anziehungskraft. Ich habe nicht die unerträgliche Einbildung anzunehmen, dass es irgendetwas in *mir war*, das sie anzog. Was Bin ich? Staub und Asche. Aber wenn du das Feuer hast, zieht es an, es schmilzt; es verzehrt jeden Egoismus; es lässt dich lieben, wie Er liebt; es gibt dir ein Herz aus Stahl für dich selbst und das zärtlichste Herz für andere ; es gibt dir Augen, um zu sehen, was niemand sonst sieht, zu hören, was andere sich nie die Mühe gemacht haben, zuzuhören. Und die Menschen eilen zu dir, weil du bist, was du bist; du bist so, wie Er in der Welt war; du hast Sein Mitgefühl, Seine göttliche Liebe, Seine göttliche Geduld. Deshalb schenkt Er euch den Sieg über die Welt; und was ist Geld, was sind Häuser, Ländereien, irgendetwas im Vergleich dazu?

„Das war die einzige Attraktion. Als ich nach Frankreich ging, sagte ich zu Christus: ‚Ich in dir und du in mir!' Und oft, als ich einer lachenden, spöttischen Menschenmenge gegenüberstand, habe ich im Alleingang gesagt: „Du und ich sind genug für sie. Ich werde Dich nicht im Stich lassen, und Du wirst mich nicht im Stich lassen." Das ist etwas, wovon wir nur den Rand gestreift haben. Das ist eine fast hermetisch verschlossene Wahrheit. Es wäre ein Sakrileg, es wäre eine Schändung, es wäre falsch, unfair, ungerecht, wenn göttliche Macht auf andere Weise als das absolute Selbst gegeben würde - Verlassenheit. Als ich nach Frankreich ging, sagte ich zu Jesus: „Ich werde alles ertragen, wenn Du mir die Schlüssel gibst." Und wenn ich gefragt werde, was das Geheimnis unserer Macht in Frankreich sei, antworte ich: Erstens Liebe, zweitens Liebe, drittens Liebe. Und wenn man fragt, wie man sie erlangt, antworte ich: Erstens durch Opfer, zweitens durch Opfer; drittens durch Opfer. Christus hat uns leidenschaftlich geliebt und liebt es, leidenschaftlich geliebt zu werden. Er gibt sich denen hin, die ihn leidenschaftlich lieben. Und die Welt muss noch sehen, was in dieser Hinsicht getan werden kann.

KAPITEL IV

CHRISTUS IN PARIS

Im Frühjahr 1881 begannen Kapitänin Catherine Booth und ihre unerschrockenen Leutnants Florence Soper, Adelaide Cox und Elizabeth Clark, die das Privileg ihres Beispiels und ihrer Ausbildung genossen, ihr Leben in Paris. Später kamen Ruth Patrick, Lucy Johns und andere hinzu . Bald darauf schlossen sich ihnen der jüngste Sohn des Generals, Herbert Booth, an, der stolz darauf ist, sein erstes blaues Auge bekommen zu haben, als er seiner Schwester während dieser frühen Kämpfe beistand, und Arthur Sydney Clibborn , der ein Leben beispielloser Hingabe und Heldentum führte, und später wurde der Ehemann der Marschallin . Jahre bevor Canon Barnett und seine Truppe aus Oxford-Männern Whitechapel anlockten, ließen sich diese frischen jungen Engländerinnen in einem ähnlichen Viertel der französischen Hauptstadt nieder. Welche weltfremden Impulse führten sie dorthin? Sie hatten keine sozialen oder politischen Ideale zu verwirklichen . Sie waren nicht davon überzeugt, dass Altruismus besser ist als Egoismus, dass die Begeisterung der Menschheit edler ist als das Streben nach Vergnügen oder die Liebe zur Kultur. Sie waren den Konventionen der Gesellschaft nicht überdrüssig und suchten im Slum eine neue Sensation. Sie spielten nicht mit Soldaten. Aber auch sie hatten ihre Träume und Visionen. Sie liebten Christus und wünschten, dass Christus in Paris siegreich sei. Als sie in eine Wildnis der Armut, des Elends und des Lasters kamen, wagten sie zu glauben, dass sie die Wüste zum Jubeln und Blühen bringen könnten wie die Rose. Sie hatten den Glauben, der über Unmöglichkeiten lacht.

Der erste Brief, den Catherine von ihrem Vater erhielt, nachdem sie Frankreich betreten hatte, strahlte zärtliche Zuneigung und glühende Hoffnung aus. „Oh, mein Herz sehnt sich wirklich nach dir! Wie könntest du auch nur einen einzigen Moment fürchten, dass du mir weniger nahe und lieb sein würdest, weil du mutig in ein Land voller Fremde gegangen bist, um mir bei dem großen Ziel und Kampf zu helfen? meines Lebens? Mein Liebling, du bist näher und teurer als je zuvor ... Frankreich hängt in einem fürchterlichen Ausmaß an dir, und du musst auf deine Gesundheit achten, da wir ohne dich nicht weitermachen können. Wir werden gespannt darauf warten Informationen darüber, wann Sie beginnen. Jeder, der Sie gehört hat und Sie kennt, hat vollstes Vertrauen in das Ergebnis. Dennoch freue ich mich, wenn Sie sich an die Arbeit machen, da ich weiß, dass Sie es nicht leicht haben werden bis du ein paar französische Sünder gesehen hast, die an der reuigen Gestalt zerschmettert wurden."

Mit ihrer eigenen Hand hisste Catherine die Flagge in der Rue d'Angoulême 66 in Belleville. Hier befand sich ein Saal für sechshundert Personen, gelegen in einem Hof, zu dem man durch eine schmale Straße gelangte. Der Großteil des Publikums, das sich Abend für Abend dort versammelte, gehörte der Klasse der Kunsthandwerker an. Einige waren junge Männer niedrigeren Typs, und von ihnen kam die Unruhe, die herrschte. Der französische Sinn für Humor ist ausgeprägt und es gab viele lebhafte Ausfälle auf Kosten der Redner und Sänger auf der Bühne. Jeder falsche Akzent, jede falsche Redewendung, jede unerwartete Äußerung oder Geste wurde mit einem Ausbruch von Gelächter aufgenommen. Aber die Heiterkeit war oberflächlich, und der Ausdruck auf den Gesichtern der müden Männer, geplagten Frauen und blassen Kinder zeugte von tiefer Melancholie. Catherine spürte instinktiv, dass sie ein Evangelium der Freude brauchten; sicherlich nicht die Predigt über die Hölle, denn lebten sie nicht in der Hölle? Diese arbeitenden Schwestern und Brüder waren die Scharen, mit denen Jesus Mitleid hatte.

Abend für Abend fanden Treffen statt, und sechs Monate lang war der Capitaine außer samstags nie abwesend. Es waren Tage des Kampfes, und sie kämpfte, um ihre eigene Formulierung zu verwenden, wie ein Tiger. Sie musste zuerst gegen ihr eigenes Herz kämpfen. Sie war sich ihrer Fähigkeiten bewusst und Gott hatte durch sie in England Großes bewirkt. Der Wechsel von einem Publikum von fünftausend gebannten Zuhörern im Zirkus von Leeds zu einer Handvoll spöttischer *Ouvriers* im Pariser Belleville-Viertel war in der Tat ein widersprüchlicher Gegensatz. Vierzehn Tage vergingen ohne einen einzigen Büßer, und Catherine war ständig so krank, dass es zweifelhaft war, ob sie auf dem Feld bleiben würde. Diese vierzehn Tage waren wahrscheinlich eine der größten Prüfungen ihres Glaubens. Die Arbeit schien so aussichtslos! Es gab nichts zu sehen. Aber für den Capitaine bedeutete Glaube, *weiterzumachen* . Es bedeutete, zu ihrem Herzen zu sagen: „Du magst leiden, du magst bluten, du magst zerbrechen, aber du wirst weitermachen." Sie ging weiter, glaubte, betete, kämpfte, und schließlich wendete sich das Blatt des Kampfes.

Der Beginn eines denkwürdigen Treffens war mehr als gewöhnlich vielversprechend. Eine der Peinigerinnen, eine schreckliche Frau, bekannt als „die Frau des Teufels", übertraf sich in dieser Nacht selbst. Sie war von enormer Größe und stand mit in die Seite gestemmten Armen und über den Ellbogen hochgekrempelten Ärmeln im Flur und brachte mit einem Augenzwinkern alle zum Schreien und Gebrüll. Bei dieser Gelegenheit gab es nichts, was sie nicht lächerlich machte. Der Spaß nahm immer schneller zu, und einige Zuschauer standen auf und begannen zu tanzen. Das Treffen schien verloren zu sein; Doch durch eine Meisterleistung verwandelte der Anführer die Niederlage in einen Sieg. Durch den Lärm schrie sie: „ Mes Amis ! Ich werde Ihnen zwanzig Minuten zum Tanzen geben, wenn Sie mir dann zwanzig Minuten zum Reden geben. Sind Sie einverstanden?" Ein großer, dunkler, gutaussehender *Ouvrier* in einer blauen Bluse, der bei den Unruhen der Anführer gewesen war, sprang auf und sagte: „Bürger, es ist nur fair." Und sie waren sich alle einig. Das hatten sie auch ihr Tanz, und am Ende der festgesetzten Zeit rief der *Ouvrier*, der mit der Uhr in der Hand dastand: „Die Zeit ist abgelaufen, Bürger! „Der Kapitän ist an der Reihe!" Die Abmachung wurde eingehalten. Alle setzten sich, und eine außergewöhnliche Stille erfüllte den Raum. Nicht zwanzig, sondern eine Stunde und zwanzig Minuten lang hatte die Leiterin die Versammlung in der Hand. Als die Audienz Als er hinausging, blieb der große *Ouvrier* zurück, und Catherine ging zu ihm hinab, wo er hinten in der Halle saß. Mit seinem gemeißelten Gesicht und dem fest zusammengepressten Mund sah er aus wie ein Mann, der einen bei lebendigem Leibe hätte verbrennen sehen können, ohne sich zu rühren Muskel.

„Danke", sagte der Capitaine, „Sie haben mir heute Abend geholfen. Haben Sie verstanden, was ich gesagt habe?"

„Ich glaube, dass Sie glauben, was Sie sagen."

„Oh! Natürlich glaube ich."

„Na ja, ich war mir vorher nicht sicher." Mit einem Seufzer fügte er hinzu: „Haben Sie Zeit zum Zuhören?"

"Ja sicher."

Es war Mitternacht und sie waren allein. Als er in sanftesten Tönen begann, die Geschichte seines Innenlebens zu erzählen, spürte sie die Zartheit der Seele, die sich unter dem rauesten Äußeren verbirgt. Er sagte: „Ich hatte das glücklichste Zuhause in ganz Paris. Ich habe die Frau geheiratet, die ich liebte, und nach zwölf Monaten kam ein kleiner Junge zu uns nach Hause. Drei Wochen später verlor meine Frau ihren Verstand und ist jetzt in einer Anstalt. Aber da war noch mein kleiner Junge. Er war ein wunderschönes Kind. Wir aßen zusammen, schliefen zusammen, gingen spazieren und redeten zusammen. Er war die ganze Welt für mich. Er war der Erste, der mich am Morgen begrüßte, und der Erste, der mich willkommen hieß Ich kam abends von der Arbeit nach Hause. Das ging so weiter, bis der Sechstklässler kam, und dann ..." Seine Lippen zuckten und er wandte sein Gesicht ab. Sein Zuhörer sagte leise: „Er ist gestorben." Er nickte kaum wahrnehmbar und unterdrückte ein Stöhnen. „Und dann", fuhr er fort, „ging ich zum Teufel. Vor dem offenen Grab auf dem Friedhof Père Lachaise, mit Hunderten meiner Kameraden um mich, hob ich meine Hand zum Himmel und rief: ‚Wenn es einen Gott gibt, dann lass ihn.' Er hat mich totgeschlagen!'"

„Aber Er hat dich nicht totgeschlagen?"

"NEIN."

„Er ist sehr sanft und geduldig mit uns allen. Und jetzt sind Sie heute Abend hierher gekommen. Kommt es Ihnen nicht seltsam vor, dass Sie aus allen Millionen Frankreichs und ich aus allen Millionen Englands sollten? Hier um Mitternacht ganz allein sein? Wie erklären Sie sich das? Liegt es nicht daran, dass Gott an Sie gedacht hat und Sie liebt? ... Beten Sie jemals?"

„Ich bete? Oh, nie! Vielleicht habe ich als Kind gebetet, aber jetzt nie."

„Aber ich bete", sagte der Capitaine, und kniete nieder und betete ein doppeltes Gebet, sowohl für sich selbst als auch für ihn. Sie wollte die Erlösung dieses Mannes um ihrer selbst willen und um des Werkes willen. Wochenlang hatte sie für eine Pause gekämpft und gebetet, und es kam ihr so vor, als hinge die gesamte Zukunft des Werkes in Frankreich von diesem Ringen um eine einzelne Seele ab. Während sie für seine Erlösung von der Sünde betete, betete sie im Stillen für ihre eigene Befreiung von Zweifel, Angst und Entmutigung. Und beide Gebete wurden erhört. Als sie die Augen öffnete, sah sie sein tränenüberströmtes Gesicht. Sie wusste, dass sein Herz geschmolzen war, und sie sprach zu ihm von der Liebe Gottes.

„Aber ich habe ihn gehasst. Ich habe die Religion gehasst; ich bin hierher gekommen, um euch zu verspotten; ich habe euch Jesuiten genannt."

„Dennoch liebt Gott dich."

„Aber warum ließ er zu, dass meine Frau ihren Verstand verlor? Warum nahm er mein Kind, wenn er Liebe ist?"

„Ich kann diese Fragen nicht beantworten. Eines Tages wirst du wissen, warum. Aber ich weiß, dass er dich liebt."

„Ist es möglich, dass Er einem armen Sünder wie mir vergeben kann?"

"Es ist sicher."

Émile wurde gewonnen. Einige Nächte später gab er sein Zeugnis ab und stand der Marschallin sieben Jahre lang stets zur Seite . Er war ihr bester Helfer. Wenn er aufstand, um zu sprechen, wurde ihm sofort Aufmerksamkeit geschenkt. „Bürger", würde er sagen, „Ihr alle kennt mich. Ihr habt mich schon oft gehört. Diesen Gott, den ich einst gehasst habe, liebe ich jetzt, und ich möchte mit euch über ihn sprechen."

Danach kam es häufig zu Konvertierungen. Der Gnadenstuhl war selten leer. Eines der ersten französischen Lieder von Catherines Komposition enthielt die seltsamsten Redewendungen:

Quand je suis souffrant ,

Entendez mon cri usw.

– Donnez moi Jesus.

Aber sie sang es mit einem solchen Gefühl, dass es das Mittel zur Bekehrung einer klugen jungen Gouvernante war, die zu einer ihrer ergebensten Offiziere wurde.

Dann kam es zu einer weiteren beeindruckenden Eroberung. Eines Nachts näherte sich ein rauer Kerl, teilweise betrunken, der Capitaine und sagte vor den Augen der „Frau des Teufels" ein abscheuliches Wort zu ihr. sie ist zu rein für uns!" (*Elle est trop pure pour nous!*) Catherine stürmte zwischen ihnen hindurch und beendete den Kampf. So wurde „la femme du diable " gewonnen, und von da an bekam sie zwei oder drei weitere, die sich ihr anschlossen und Catherines Leibwächter bildeten, der sie und ihre Kameraden jeden Abend durch die Rue d'Allemagne begleitete , die ein Treffpunkt von Kriminellen war sah sie sicher an der Tür ihrer Wohnung in der Avenue Parmentier stehen .

Als Baron Cederström für sein Gemälde „Die Marschallin im Café"[1] Lokalkolorit suchte, fuhr er mit seiner Frau zu einem Treffen in die Rue d'Angoulême . Als sie sich der Halle näherten, erblickte die Baronin einige der Gesichter und erschrak.

[1] Dieses Gemälde befindet sich jetzt in der Gemäldegalerie von Stockholm. Der Künstler heiratete bekanntlich später Madame Patti.

„Geh zurück, geh zurück!" rief sie dem Kutscher zu.

Der Baron versuchte vergeblich, sie zu beruhigen.

„Gib mir meine Salze!" Sie weinte und fühlte sich, als würde sie ohnmächtig werden. „Solche Gesichter habe ich noch nie in meinem Leben gesehen. Sie sind alle Mörder und Räuber." Zu Katharina, die herauskam, um sie zu begrüßen, rief sie: „Ich bin sicher, der gute Gott wird *dich nicht* ins Fegefeuer schicken, denn du hast es hier!"

„Sie haben nichts zu befürchten", war die Antwort; „Ich bin jede Nacht hier." Doch als die Baronin zu den Vordersitzen geführt wurde, warf sie den Menschen, an denen sie vorbeikam, immer noch ängstliche Blicke zu.

Einige der politisch gefährlichen Klassen machten eine Zeit lang Ärger. Messer wurden gezeigt und es wurde etwas Blut vergossen. Ein aufgeregter Polizeisergeant erklärte eines Nachts, dass die Hälfte der Pariser Mörder sich in diesem Saal befänden, und auf Anordnung der Behörden wurde er geschlossen. Bald jedoch waren die Treffen wieder in vollem Gange, und als Catherines ältester Bruder Bramwell, ihr Kamerad in vielen englischen

Feldzügen, ihr drei Monate nach ihrer Abreise einen kurzen Besuch abstattete, war er von allem, was er sah, begeistert. „Die Versammlungen", schrieb er, „finden jeden Abend statt. Die Versammlungen schwanken zwischen 150 und 400 ... Am Sonntag um drei nahm ich an der Zeugnisversammlung teil, die nur für Konvertiten und Freunde ist. Ungefähr siebzig waren anwesend." Miss Booth nahm die Mitte ein und versammelte eine kleine Gesellschaft um sich. Ich kann dieses Treffen nicht beschreiben. Als ich diese französischen Konvertiten das erste Lied „Näher zum Himmel, näher zum Himmel" singen hörte, weinte ich vor Freude, und das während der Jahreszeit Die Gebete, die meinem Herzen folgten, strömten über. Hier, in einer anderen Sprache, unter einem fremden Volk, fast allein, vertraute diese kleine Gruppe dem Herrn und triumphierte ... Dann wurden Zeugnisse eingeladen ... Ich weinte und freute mich und weinte Noch einmal. Ich verherrlichte Gott. Hätte ich diese siebzehn Menschen in diesen wenigen Wochen nicht in Paris in ihrer eigenen Sprache von Gottes rettender Macht sprechen hören! Ich fordere alle auf, die dies lesen, sich zu freuen. Ich glaube, sie werden es tun. Denken Sie daran, wie groß die Aufgabe ist das Gewissen zu erwecken, bevor Christus dargebracht werden kann; um sowohl von der Sünde als auch von der Gerechtigkeit zu überzeugen; um sowohl zur Reue als auch zum Glauben aufzurufen ... Am folgenden Abend waren 300 anwesend ... Miss Booth verließ die Plattform, als sie ihre Ansprache beendete, und kam herunter, wie so viele von uns sie herunterkommen sahen nach Hause, in die Mitte der Menschen. Ihr abschließender Appell schien sie zu durchdringen. Viele waren tief bewegt. Einige von denen, die hinten saßen und offensichtlich hauptsächlich zum Spaß gekommen waren, zitterten vor unseren Augen und wirkten gedämpft und sanft. Gott hat gewirkt."

Später im Jahr wurde der neue Hauptsitz am Quai de Valmy eröffnet. Hier gab es einen Saal für 1200. Keine andere Form der Religion konnte eine solche Versammlung der untersten Schicht der Pariser anziehen, wie sie sich jeden Abend dort traf. Die Männer kamen in ihren Blusen, hatten ihre Mützen auf dem Kopf und verhielten sich – abgesehen davon, dass sie aufgrund eines Aushangs an der Tür auf das Rauchen verzichteten – mit der Freiheit und Leichtigkeit eines Varietépublikums. Aber die ernsthafte Art, mit der die meisten Anwesenden in die Hymnen einstimmten, bewies, dass sie keine bloßen Zuschauer waren, und es war erstaunlich, dass viele raue, ungepflegte und sogar brutal aussehende Männer bald lernten, herzlich zu singen, ohne das Buch zu benutzen.

Im ersten Jahr gab es hundert Konvertiten und im zweiten weitere fünfhundert. Paris selbst begann zu bezeugen, dass in ihrer Mitte ein gutes Werk begonnen worden sei. Auf dem Weg zum und vom Saal in der Rue d'Angoulême traf Catherine, die inzwischen liebevoll Maréchale genannt wurde , der höchste militärische Titel in Frankreich, oft einen Priester, zu dem sie immer sagte: „ Guten Tag, Mann père ." Eines Tages hielt er inne und sagte: „Madame la Maréchale , ich möchte Ihnen sagen, dass sich die moralische Atmosphäre des ganzen Ortes verändert hat, seit Sie Ihre Arbeit in diesem Viertel begonnen haben. Ich begegne den Früchten überall und kann besser als du sagen, was du tust." Sie hatte das Gefühl, dass Gott ihr dieses Wort der Ermutigung geschickt hatte.

Welchen Eindruck ihr Werk hinterließ, lässt sich aus einem ihrer Briefe aus dieser Zeit ablesen. „Es gibt einen Mann", schrieb sie, „der unsere Treffen am regelmäßigsten besucht. Er hört mit atemloser Aufmerksamkeit zu, und manchmal fließen ihm die Tränen über die Wangen. Er wurde besucht und schickte mir 70 Franken für unsere Arbeit mit einer Nachricht." dass er mich sehen wollte. Ich sah ihn, und er gab mir weitere 80 mit den Worten „ *Sauvez la jeunesse* "! („Rettet die Jugend!") Ich fand ihn sehr düster und hoffnungslos in Bezug auf sich selbst ... Der nächste Eine Woche später rief er mich erneut im Saal beiseite, drückte mir 50 Francs in die Hand und sagte, er hoffe, dass wir bald in jedem Viertel von Paris einen Saal haben würden. „Rettet die jungen Leute!" sagte er noch einmal. Ich sagte „Ja, aber ich möchte dich gerettet sehen." „Das wird kommen", sagte er und verließ den Saal. Letzten Sonntagnachmittag bemerkte ich, wie er in einer Ecke des Saals weinte, als unsere jungen Leute für Jesus Zeugnis ablegten, und nach dem Gottesdienst fragte er, ob er sprechen dürfe für zwei Minuten zu mir; dieses Mal gab er mir 60 Franken und forderte mich auf, weiter für ihn zu beten. Er hat ein schlechtes Leben geführt und ist mit dem Gedanken an die Vergangenheit beunruhigt.

Es begann allgemein zu glauben, dass die Marschallin bestimmte Wunder bewirken könne. Eine Frau, die an den Treffen teilgenommen hatte und in ihrer Seele gesegnet war, kam zu der Überzeugung, dass die englische Dame die Macht hatte, Teufel auszutreiben, und eines Tages brachte sie eine Nachbarin zum Seelenarzt und stellte sie mit der Bemerkung vor: „Das hat sie." nicht nur einen, sondern sieben Teufel." Der Neuankömmling hatte ein schreckliches Gesicht. Sie war so betrunken, unmoralisch und gewalttätig, dass niemand mit ihr leben konnte. Doch auch sie hatte eine Seele. Der Marschall ließ sie auf die Knie gehen, legte beide Hände auf ihren Kopf und betete, dass alle Teufel ausgetrieben würden. „Sie ist jetzt eine andere Frau", sagten bald darauf alle ihre Nachbarn .

Einer der sichersten Hinweise auf den Erfolg der Arbeit in Paris ist die Tatsache, dass vor Ende des ersten Jahres eine allgemeine Nachfrage nach einer Zeitung bestand, die in gewissem Maße dem englischen *Kriegsschrei entsprach* . Es war ein denkwürdiger Tag, an dem die Maréchale und ihre Offiziere wie ein Zirkel von Fleet-Street-Journalisten in ihrer Wohnung in der Avenue Parmentier saßen und ernsthaft über ihr neues Vorhaben diskutierten. Es war bezeichnend für die heilige Einfachheit der

Chefredakteurin, dass sie zunächst daran dachte, „ *The War Cry* “ in „*Amour*“ *umzuwandeln* . Sie war sich der Empfindung nicht bewusst , die der Ruf „Amour, un sou!“ auslöste. hätte in den Boulevards geschaffen. Ihr Vorschlag wurde abgelehnt, aber ihr zweiter Vorschlag, die Zeitung *En Avant* zu nennen , wurde mit Beifall aufgenommen. Das war eine echte Inspiration. Die Zeitung erschien ordnungsgemäß Anfang 1882 und wird seitdem erfolgreich weitergeführt. Das Rufen seines Namens auf den Straßen brachte die ganze Welt und seine Frau zum Nachdenken und Reden. Was wäre, wenn der Mann von Nazareth unseren modernen Philosophen und Staatsmännern doch weit voraus wäre und wenn diese Handvoll englischer Mädchen gekommen wäre, um uns alle zu wahrer Freiheit, Gleichheit und Brüderlichkeit zu *führen* ?

Die Berichte über die Arbeit in Frankreich wurden zu Hause mit Dankbarkeit aufgenommen. An „Meine lieben Kätzchen“ – ein Kosename der Familie – schrieb ihr Bruder Bramwell: „Wir sind mit Ihren Fortschritten mehr als zufrieden. Der General sagt, soweit er es beurteilen kann, sind Ihre Fortschritte bei der Herstellung von Menschen größer als seine eigenen.“ war am Anfang. Ich bin sicher, Sie sollten die ganze Zeit nur das lebhafteste Vertrauen und die größte Ermutigung spüren. Und an „meinen geliebten Blücher “ schrieb der General selbst: „Ich schätze und bewundere und danke Gott täglich für Ihren Mut, Ihre Liebe und Ihre Ausdauer. Gott wird und muss Sie segnen. Wir beten für Sie. Ich fühle, dass ich in Ihnen neu lebe.“ Wir alle senden Ihnen unsere herzlichsten Grüße und unsere zärtlichste Zuneigung. Schauen Sie auf. Vergessen Sie nicht *mein* Mitgefühl. Machen Sie sich nicht die Mühe, auf meine Gekritzel zu antworten. Ich mag es nie, Ihre Handschrift zu sehen, weil ich weiß, dass sie Ihren armen Rücken bedeutet. Erinnern Sie sich an mich an alle deine Kameraden.

„Ich habe das Gefühl, dass ich noch einmal in dir lebe.“ Der Gedanke war dem General offenbar gewohnheitsmäßig in den Sinn gekommen. „Er fordert mich auf, dir zu sagen “, schrieb Emma, „dass du sein zweites Ich bist.“ Die Ähnlichkeit war sowohl physischer als auch spiritueller Natur. Mit ihrer großen Figur, ihrem gemeißelten Gesicht, ihrer Adlernase und ihren durchdringenden blauen Augen wurde Catherine mit der Zeit ihrem Vater immer ähnlicher. Einer ihrer Söhne, der sie am Tag vor seinem Tod gesehen hatte, wie sie sich über den General beugte, sagte, die beiden blassen Gesichter seien wie Faksimiles aus Marmor.

KAPITEL V

FREIHEIT, GOTT anzubeten

Im Herbst 1883 erlangte der Marschall plötzlich Berühmtheit als neuzeitlicher Portia, der vor einem Schweizer Gericht vor den Augen Europas brillant und erfolgreich die heilige Sache der bürgerlichen und religiösen Freiheit vertrat. Das Land Tell, die älteste der modernen Republiken, galt schon immer als Schrein der Freiheit. Es hat sich gegenüber allen möglichen Ideen als gastfreundlich erwiesen, selbst den neuesten, den seltsamsten, den antichristlichsten und den asozialsten. Zwischen dem freien England und der freien Schweiz besteht eine natürliche Verwandtschaft.

„Zwei Stimmen sind da; eine kommt vom Meer,

Einer der Berge; jeder eine mächtige Stimme:

Von Zeitalter zu Zeitalter hast du dich über beides gefreut;

Sie waren deine gewählte Musik, Freiheit.

Im „Freundschaftsvertrag" zwischen Großbritannien und der Schweiz aus dem Jahr 1855 wurde vereinbart, dass „die Untertanen und Bürger einer der beiden Vertragsparteien, sofern sie sich an die Gesetze des Landes halten, frei sind, mit ihren Familien in das Hoheitsgebiet des anderen einzureisen, sich dort niederzulassen, dort zu wohnen und zu bleiben. Doch die Anwesenheit einiger englischer Evangelisten in der Schweiz löste einen Sturm der Verfolgung aus, in dem die Grundprinzipien der Religionsfreiheit ebenso verletzt wurden wie zu Zeiten der Hugenotten.

Als die Marschallin und einige Kameraden einer dringenden Einladung in die Schweiz folgten, ahnte sie noch nicht, dass sie die Heldin eines historischen Prozesses sein würde. Sie ging, um das Evangelium zu predigen. Sie beachtete die Gesetze des Landes und respektierte die religiösen Neigungen seiner Menschen. Bei ihrer Ankunft in Genf veröffentlichte sie nur ein Plakat, und das, nachdem es ordnungsgemäß *visé* gewesen war ; Sie erlaubte keine Umzüge, Banner oder Blaskapellen auf den Straßen. Ihr einziges Verbrechen bestand darin, dass sie versuchte, die Ohren derer zu gewinnen, die nie einen Ort der Anbetung betraten, und das gelang ihr wunderbar .

Wenn bei ihren Treffen nicht immer für Ordnung gesorgt wurde, war das nicht ihre Schuld, sondern die der Behörden, die sich weigerten, ihre Pflicht zu erfüllen. Geschichte wiederholt sich. Wie im antiken Thessaloniki während des Besuchs des heiligen Paulus, so nahmen auch im modernen

Genf einige Bürger „voller Eifersucht bestimmte abscheuliche Gesindel zu sich und versammelten sich zu einer Menschenmenge, die die Stadt in Aufruhr versetzte". Die Anführer der Unruhen wurden von bekannten Lasterhändlern bezahlt, die selbst oft bei den Versammlungen dabei zu sehen waren, wie sie das Publikum zum Aufruhr anstachelten. Einer der ersten Konvertiten, ein Student, gestand, dass er zwanzig Franken pro Nacht und so viel Whisky bekommen hatte, wie er trinken konnte, um einen Streit auszulösen.

Das Justiz- und Polizeiministerium hatte damals zufällig einen Staatsrat , M. Heridier , zum Präsidenten ernannt, der es für richtig hielt, die Täter nicht zu bestrafen, sondern ihre Opfer zu verbannen. In einer Sitzung des Großen Rates sagte er: „Wir wurden gebeten, eine Gendarmeriekompanie zum Schutz dieser Ausländer einzusetzen und Schlägereien und Auseinandersetzungen zu verhindern. Ich werde einem solchen Schritt nicht zustimmen. Es gibt bereits acht Polizeibeamte." jeden Abend an diesen Orten, die es sehr schwer haben ... Diese Agenten könnten woanders sinnvollere Arbeit leisten, und ich bin gerade dabei, sie abzuziehen. Das bedeutete, die Fremden der zärtlichen Gnade des Pöbels auszuliefern. Es war ein grober Verstoß gegen die Gesetze der Gastfreundschaft und des Rittertums sowie gegen die Verfassung eines freien Landes. Die Stadt Calvin kannte den Tag ihrer Heimsuchung nicht.

die Marschallin und ihre Kameraden ihre Treffen im Casino. Der Saal war überfüllt und bald tobte ein großer Kampf zwischen den Mächten des Lichts und der Dunkelheit. Offensichtlich war eine Unruhe organisiert worden . Eine Gruppe von Studenten mit bunten Mützen, die früh gekommen waren und die Vorderseite der Galerien und andere prominente Positionen in Besitz genommen hatten, zeigten ihr schlechtestes Benehmen . Der erste Hymnus wurde von Schreien und anzüglichen Liedern unterbrochen, und das folgende Gebet ging fast unter. Aber der Marschall war nie ruhiger und selbstbewusster als angesichts solcher Musik. Bei jeder leichten Flaute des Sturms äußerte sie in klarem, eindringlichem Ton einige pointierte Worte, die so manches Herz durchbohrten. Innerhalb einer Stunde hatte sie nicht nur ihr Publikum in ihren Bann gezogen, sondern lud auch diejenigen, die sich Erlösung wünschten, dazu ein, zur reuigen Form zu kommen. Die Spötter von vor einer halben Stunde verließen zitternd vor Schuldgefühlen ihre Plätze, und als sie niederknieten, sang der Marschall in sanften Tönen die Hymne:

Reviens , Reviens , Pauvre Pécheur ,

Ton Père encore t'attend ;

Veux-tu languir loin du bonheur,

Et pécher plus longtemps ?

Ö! reviens à ton Sauveur ,

Reviens ce Soir ,

Ich veut te Empfang ,

Reviens à ton Sauveur !

Ein seltsamer Einfluss ergriff die Versammlung und ließ die Menge in tiefes Schweigen versinken, und der Geist wirkte in vielen Herzen.

die Marschallin einen ähnlichen Gottesdienst ab, und am Heiligabend traf sie im Salle de la Reformation auf 3.000 Zuschauer. Die Zusammensetzung lag ganz bei ihr, denn noch nie war sie so von göttlichem Mitleid und göttlicher Macht erfüllt wie damals, als sie den schlimmsten Elementen einer Stadt gegenüberstand. Die Theater, die Kabaretts, die Tanzlokale, die Kneipen und die Treffpunkte der Prostitution hatten ihren Inhalt in den Saal geschüttet. Sozialisten , die in Genf Zuflucht gefunden hatten – Männer vieler Nationalitäten – kamen *massenhaft* . Ein großer Teil des Publikums war der Vorstellung von Anbetung oder einem göttlichen Wesen so völlig fremd, dass der Klang des Gebets lautes, spöttisches Gelächter, Fragen und Schreie der Überraschung und Verachtung hervorrief.

Aber die Soldaten Christi, gekleidet in die Rüstung des Lichts, waren den Mächten der Dunkelheit mehr als gewachsen. So manches geflügelte Wort fand seinen Niederschlag, und die Nachversammlung im kleineren Saal, in dem sich dreihundert Menschen drängten, war von einer totenähnlichen Stille erfüllt, in der viele Erlösung suchten und fanden. Einige der Anführer der Unruhen waren in diesen Raum eingedrungen; aber sie blieben vollkommen ruhig, offensichtlich gedämpft und überwältigt, mit einem Ausdruck intensiven Interesses auf ihren Gesichtern, der zeigte, dass sie das Gefühl hatten, einer Realität in der Religion gegenüberzustehen, der sie zuvor noch nicht begegnet waren. Die Marschallin sang ihre eigene Hymne „Je viens à Toi, dans ma misère“, und viele stimmten in den Refrain ein:

Ote zu uns mes péchés !

Agneau de Dieu, je viens a Toi,

Ote zu uns mes péchés .

Einer von denen, die von den Worten dahinschmelzen ließen, schrieb: „Ich war wie der Dämon von Gadara. Ich könnte sagen, ich war besessen; ich war fünfzehn Jahre lang an ein schreckliches Leben gekettet … Dann kamst du. Ich war." Zuerst war ich erstaunt, dann überfiel mich die Reue. Dann folgte eine schreckliche Qual in meiner Seele – eine wahre Hölle. Ich beschloss, dem auf die eine oder andere Weise ein Ende zu bereiten. Und doch dachte ich, ich würde gehen und dir noch einmal zuhören. Das war ich gewesen Ich befand mich seit dem Tag des ersten Treffens in Dunkelheit und Angst. An die Lehren dieses Tages konnte ich mich an kein einziges Wort erinnern, außer an den Text des heiligen Liedes „ Ote" . zu uns mes péchés ' (Nehmt alle meine Sünden weg). Diese hallten den ganzen Tag und die schlaflose Nacht in meinem Herzen und Gehirn nach – diese und nur diese. Voller Trauer und Verzweiflung kam ich erneut in die Reformationshalle und zum Nachtreffen. Die ersten Töne , die mir ins Ohr drangen, waren wiederum genau diese Worte: „ Ote. " zu uns mes péchés ', und dann sprachen Sie über die Worte: ‚Obwohl deine Sünden so scharlachrot sind, werden sie weiß wie Schnee sein'; Du schienst zu mir allein zu sprechen, mich allein zu betrachten – und ich hatte das Gefühl, dass es Gott war, der mich dorthin geschickt hatte, um diese Worte zu hören."

Hunderte solcher Briefe wurden geschrieben. Von allen Seiten kamen Beweise für den Segen, der in vielen Häusern empfangen wurde, für wilde Söhne, die zurückgewonnen wurden, für Trunkenbolde und bösartige Männer, die durch die Macht Gottes verwandelt wurden, für Licht und Freude, die in Familien gebracht wurden, über denen eine Wolke gehangen hatte. Nicht nur Anarchisten und Verschwenderische, sondern auch Theologiestudenten und die Kinder von Pfarrern erlebten eine Veränderung im Leben. Bei einem Treffen nur für Frauen, an dem 3000 Personen teilnahmen, begann die Tochter von Pfarrer Napoleon Roussel ein neues Leben. Ihr Bruder war einer der Konvertiten beim ersten Treffen im Reformationssaal. Mlle. Roussel sollte fünf Jahre lang die Sekretärin der Marschallin sein und sie auf einer großen Amerikatournee begleiten. Ein Theologiestudent, der am Silvesterabend an einer „Nacht mit Jesus" teilnahm, schrieb: „Ich habe eine lange Wache verbracht, die ich nie vergessen werde. Seitdem bin ich immer glücklich und kann jede Stunde ‚Ehre sei Gott' sagen." des Tages."

Doch mit der Flut des göttlichen Segens wuchs auch die Flut des menschlichen Hasses, und Anfang Februar wurden die „Übungen" der Armee per kantonalen Erlass verboten. Eine Woche später wurde die Maréchale zusammen mit ihrer jungen Begleiterin, Miss Maud Charlesworth, jetzt Mrs. General Ballington Booth, aus dem Kanton Genf ausgewiesen. Während ihres sechswöchigen Aufenthaltes in der Stadt hatte sie den wohl größten Aufschwung herbeigeführt, den die Stadt seit der Zeit der Reformatoren erlebt hatte.

Einer der bedeutendsten Genfer Anwälte, Edmond Pictet , der selbst in diesen bewegenden Wochen große Segen erfahren hatte, half ihr bei der Ausarbeitung eines Appells (*Recours*) an den Großen Rat. Er stellte jedoch fest, dass sie nur wenig Hilfe brauchte, und bemerkte oft, dass sie mit dem warmen Herzen einer Evangelistin die klare Intelligenz einer Anwältin vereinte. Als der Staatsrat zwei oder drei seiner Mitglieder damit beauftragt hatte, sie zum Thema ihrer Berufung anzuhören, kehrte sie unter freiem Geleit nach Genf zurück, um sich mit ihnen zu treffen. Im Verlauf des Interviews, bei dem der britische Konsul in der Stadt anwesend war, sagte der leitende Stadtrat : „Sie sind eine junge Frau; es entspricht nicht unseren Vorstellungen und Gepflogenheiten, dass junge Frauen in der Öffentlichkeit auftreten. Das sind wir." empört (*froissés*) darüber." Die Gegenerwiderung, die er erhielt, war eine so bemerkenswerte Verteidigung der „Prophezeiung der Frauen", dass wir sie vollständig wiedergeben.

„Hören Sie mir zu, ich bitte Sie, Sir. Es widerspricht, sagen Sie mir, Ihrem Sinn dafür, was richtig und angemessen ist, dass junge Frauen das Evangelium predigen sollten. Nun, wenn Miss Charlesworth und ich nach Genf gekommen wären, um zu handeln Ich habe keinen Zweifel daran, dass wir in einem Ihrer Theater auf Sympathie und Zustimmung Ihres Publikums gestoßen wären. Wir hätten auf Ihrer Bühne singen und tanzen können; wir hätten uns ganz anders und viel weniger bescheiden kleiden können in dem Sie uns gekleidet sehen; wir hätten vor einem gemischten Publikum auftreten können, Männern und Frauen, jung und alt und aus jeder Klasse; Mitglieder des Großen Rates, Herr Herdier selbst und andere, wären gekommen, um uns auftreten zu sehen; wir hätten Geld bekommen sollen; Genf hätte in diesem Fall ohne Widerwillen gezahlt; und Sie hätten alle gesessen und zugestimmt; Sie hätten in die Hände geklatscht und uns angefeuert; Sie hätten Ihre Frauen und Töchter mitgebracht, um uns zu sehen, und sie hätten es auch getan Ich habe Beifall geklatscht. Nach Ihren Vorstellungen und Gebräuchen hätte es nichts zu *froissieren* gegeben , keine Unmoral in all dem. Der Lärm (*Brut*), den wir auf diese Weise hätten machen sollen, hätte nicht zu unserer Ausweisung geführt. Aber wenn Frauen kommen, um zu versuchen, einige der vierzigtausend oder fünfzigtausend Ihrer elenden, spöttischen, unreligiösen Bevölkerung zu retten, die niemals einen Ort der Anbetung betreten, wenn sie mit Herzen voller Mitleid und Liebe für die Unwissenden und Sünder kommen und aufstehen diesen Rebellen, diesem Mob, unter dem viele die Botschaft mit eifriger Freude annehmen, die frohe Botschaft der Erlösung zu verkünden — dann schreien Sie, dass dies unziemlich und unbescheiden sei. Sie würden Ihre Frauen und Töchter nicht dazu bringen, uns zuzuhören, wenn sie von Jesus sprechen, wohl aber würden Sie sie dazu bringen, uns zuzuhören, wenn wir auf der Bühne Ihres Theaters tanzen und singen würden. Jetzt hast du uns vertrieben; aber dennoch gibt es in Genf diese Scharen, die dunkel, verloren und ungerettet sind; und du weißt es. Da sind sie; Sie existieren. Was wirst du mit ihnen machen? Sagen Sie – was werden Sie tun? Sind sie keine Gefahr? Schreit ihr verlorener Zustand nicht gegen dich?"

Der Stadtrat wurde nicht nur zum Schweigen gebracht, sondern sank auch in einem Zustand vorübergehenden Versagens in seinen Stuhl. Zumindest für den Moment hatte die Realität des Bildes, das ihm präsentiert wurde, sein Herz berührt.

Dennoch wurde die Berufung der Marschallin abgelehnt, und M. Pictet schrieb ihr: „Der erbärmliche Sturm des Zorns und der Vorurteile, den Sie miterlebt haben und den Ihre Freunde so sehr bedauern, ist keineswegs vorbei. Ich für meinen Teil verzweifle an jemals." Da ich sehe, dass meine Mitbürger richtig verstehen, was Religionsfreiheit und Respekt vor der Meinung anderer Menschen bedeuten, scheint der einzige Kurs, der der Armee übrig bleibt, der in Matthäus X. 23 angegebene zu sein! *Sie haben Ihre* Pflicht getan , das können Sie nicht sein erwartete, mehr zu tun als Paulus und Barnabas (Apostelgeschichte XIII. 51)."

Unterdessen jubelten die Feinde der Gerechtigkeit. Die Genfer Theaterzeitung lobte die Behörden für die Ausweisung. „Unser Theater", hieß es, „hat einen gewaltigen Rivalen verloren, und das Publikum beginnt, den Weg zurück zu uns zu finden."

In dieser kritischen Zeit wurden nicht nur die zivilen, sondern auch die geistlichen Führer auf die Probe gestellt und für mangelhaft befunden. Die Ungerechtigkeit hätte kaum so weit getrieben werden können, wenn die Kirchen sie nicht durch ihre Haltung des Schweigens oder der offenen Feindseligkeit sanktioniert hätten. Viele religiöse Menschen stellten sich auf die Seite der verfolgenden Regierung und der gottlosen Bevölkerung. Das bitterste Pamphlet gegen die *Armée du Salut* wurde von Madame la Comtesse de Gasparin geschrieben , die der begeisterte Mob als „eine Christin, wenn es jemals eine gab" feierte. Aber die seltsamste und demütigendste Tatsache von allen war, dass der Schweizer Zweig der Evangelischen Allianz nach reiflicher Überlegung beschloss, kein einziges Wort zur Verteidigung der Religionsfreiheit zu äußern. Kein Wunder, dass sich einige seiner einflussreichsten Mitglieder bedauerlicherweise aus der Gemeinschaft zurückzogen.

Die aus Genf verbannten Evangelisten fanden eine Zeit lang Zuflucht in Neuenburg. Als die Marschallin kurz nachdem die Behörden Abendtreffen verboten hatten, vor Ort war, kündigte sie an, dass am nächsten Tag eine Morgenveranstaltung stattfinden sollte. Der Saal war voll und die Treffen fanden die ganze Woche über jeden Morgen und Nachmittag statt.

Am Sonntagmorgen um sechs Uhr drang das Gebrüll einer Menge Raufbolde, die die Straße heraufkamen, zu den Ohren derjenigen, die sich bereits in der Halle versammelt hatten. Während der Lärm immer lauter wurde, sagte die Marschallin zu ihren Offizieren: „Warten Sie hier und beten Sie; ich werde ihnen entgegengehen." Als sie vor die Tür trat, war sie sofort von groben Kerlen in Hemdsärmeln umgeben, die mit Stöcken, Gabeln und Steinen bewaffnet waren, die begannen, in ihrer Stadt zu fordern, was sie wollte, und sie mit den sinnlosen Anschuldigungen der Schankstuben überschütteten .

"Geh weg!" rief einer: „Wir haben unsere Pastoren."

„Mein Freund", war die Antwort, „du machst ihnen nicht viel Ehre."

„Hier ist mein Gott!" (*Voilà mon dieu !*), sagte ein anderer, zog seine Pfeife heraus und hielt sie dem Marschall vors Gesicht.

„Du wirst einen anderen brauchen, wenn du sterben musst."

„Du willst unser Geld!" schrie ein Dritter.

„Was sagst du? Das sagst du noch einmal! Sag es! Du wagst es nicht, du glaubst es nicht, du weißt, dass es eine Lüge ist." Und der Marschall packte diesen Mann am Hemdkragen und führte ihn in die Halle und hinauf zum Vordersitz, wo er zwei Stunden lang aufmerksam zuhörte. Am Ende der Versammlung baten zwei Reihen Büßer um Verzeihung.

Im Juni stimmte der Große Rat von Nauchâtel für die Auflösung der *Armée du Salut* ; und Zürich und der Kanton Waadt folgten bald diesem Beispiel. Dann wurde klar, dass die einzige Hoffnung auf eine Aufhebung dieser verfassungswidrigen Dekrete darin bestand, ihnen nicht Folge zu leisten. Die befragten Juristen waren der Ansicht, dass dies der beste Weg sei, die Behörden zum Umdenken zu zwingen. Viele Schweizer Konvertiten waren bereit, aus Gewissensgründen zu leiden, aber die Marschallin beschloss, dass sie selbst als Untertanin von Königin Victoria ihr Recht geltend machen würde, Gott auf Schweizer Boden anzubeten. In einer neuen Form stellte sie die Frage des Apostels: „Ist es dir erlaubt, einen Mann zu geißeln, der ein Römer und unverurteilt ist ?" Das Interesse an der Situation wurde dadurch erhöht, dass es sich nun um eine Frauenfrage handelte. Der ganze Geist der modernen Welt steckte in der kühnen Erklärung des Marschalls : „Ich bin britischer Staatsbürger."

Nachdem sie einige Monate in Südfrankreich gearbeitet hatte, kehrte sie nach Nauchâtel zurück und verstieß vorsätzlich gegen die kantonale Verordnung. Am Sonntagnachmittag, dem 9. September, leitete sie ein Treffen in Prise-Imer im Jurawald , etwa fünf Meilen über dem See. In einem Brief nach England beschrieb sie die Szene. „Es war ein Tag, den man nie vergessen wird. Lange vor dieser Stunde trafen sich die Menschen, und wir hatten über 500 Menschen, die aus Nauchâtel kamen, um Gott zu loben. Das Wetter war wunderschön. Nach so viel Mühe, Müdigkeit und einer langen Reise, Wir konnten uns treffen, um über die Dinge Gottes zu sprechen. Herzen und Stimmen erhoben sich gemeinsam, und es machte mir große Freude, in die Gesichter unserer tapferen Soldaten zu sehen. Ihr Eifer und ihre Entschlossenheit, vorwärts zu gehen, waren unverkennbar."

unter den hohen Kiefern die Hymne „Komm, du brennender Geist, komm" gesungen wurde, verkündete ein Wachposten, der am Rande des Waldes stationiert war, dass der Präfekt in seiner Kutsche, begleitet von sechzehn Polizisten, sich näherte. Der Marschall teilte dem Publikum die Neuigkeit mit und forderte alle auf, ruhig und zuversichtlich zu sein.

„Seien Sie unbeachtet. Wir werden trotzdem ein glorreiches Treffen haben."

Die Gendarmen fanden die Gemeinde kniend vor und bildeten einen Ring um sie, wobei der Präfekt selbst in der Nähe der Marschallin Stellung nahm . Er und seine Anhänger waren alle überwältigt. Über zwei Stunden lang hörten sie gebannt zu. Sie hörten, wie die Marschallin für die Regierung, für die Nation Schweiz, für sich selbst betete. Sie hörten sie über das Ende und das Ziel der *Armée du Salut sprechen* – „die Verlorenen zu retten, alle Diebe, Trunkenbolde, Ausgestoßenen und Plagen der Gesellschaft zu friedlichen und loyalen Bürgern zu machen, durch die Macht Jesu, um die Nationen zu Gott zu führen." ." Dann hörten sie die Aussagen konvertierter Krimineller, von denen einer von seiner dreijährigen Haft erzählte. Er zeigte auf einen Detektiv in Zivil und sagte: „Der Polizist da drüben kennt mich; er hat mich ins Gefängnis gebracht; aber jetzt bin ich ein veränderter Mann." Kein Wunder, dass der Polizeipräfekt zutiefst beeindruckt war. Am Ende des Gottesdienstes holte er mit zitternden Händen seinen Haftbefehl hervor und stammelte:

„Ich habe hier … ich sollte …"

„Ja, ich weiß. Sie haben ein Dekret für meine Verhaftung. Warum haben Sie es mir nicht schon früher gegeben?"

„Nun, das konnte ich nicht."

„Ja, eine höhere Macht als der Mensch war hier, um dich zurückzuhalten."

Er konnte seine Bewunderung nicht zurückhalten. „Dies ist ein großartiges Werk, wenn es nur von Dauer ist. Sie tun nichts als Gutes. Ich flehe Sie an, mich nicht für diese Tat verantwortlich zu machen. Ich habe Sie wie andere beurteilt, ohne Sie zu sehen oder zu hören."

Er musste jedoch seinen Befehlen Folge leisten. Die Marschallin und Kapitän Becquet , einer ihrer Offiziere, wurden verhaftet. Als sie diesen angenehmen

Ort verließen, rief sie aus: „Wie seltsam, dass wir in diesen wunderschönen Wäldern nicht Gott anbeten dürfen! Wie schade, sie still und ungenutzt dastehen zu sehen!" Für einige von denen, die an diesem Sonntagabend ihre Stimme hörten, war dieser Ort für immer heiliger Boden. Im Publikum befand sich ein junger Schweizer, Constant Jeanmonod , einer der Herren der Natur, der an diesem Tag die Erlösung fand, sich mit Leib und Seele Gott hingab und anschließend in vielen harten Feldzügen zu einem der ergebensten Freunde und Kameraden des Marschalls wurde. Er steht nun an der Spitze der Arbeit in Belgien.

Die Marschallin und Hauptmann Becquet wurden nach Nauchâtel gebracht und zum Haus von M. Comtesse, dem Präsidenten des Staatsrates, geführt, der zu ihnen sagte: „Ihr seid meine Gefangenen, und es ist meine Pflicht, euch diese Nacht einsperren zu lassen." ." Die Marschallin hatte jedoch gerade ein Telegramm erhalten, in dem sie gebeten wurde, an der Beerdigung eines tapferen jungen Genfer Konvertiten teilzunehmen, der eine sterbende Bitte geäußert hatte, sie möge an seinem Grab sprechen. Sie bat um Erlaubnis, diese heilige Pflicht erfüllen zu dürfen, und wurde gegen eine Kaution von 6000 Franken freigelassen.

Am nächsten Morgen fand im Garten des Bauernhauses in der Nähe von Genf, wo Charles Wyssa gestorben war, ein Gottesdienst statt, und dort fand der Marschall einen lebenslangen Freund. Frau Josephine Butler war anwesend und hielt eine kurze Ansprache, die denen, die sie hörten, lange im Gedächtnis blieb. Nachdem sie ihr tiefes Mitgefühl für die Arbeit der *Armée du Salut* in der Schweiz zum Ausdruck gebracht hatte, machte sie einen bewegenden Hinweis auf die Tatsache, dass sie ihre einzige und sehr geliebte Tochter verloren hatte, die sie in der Hoffnung auf ihr Leben Evangeline genannt hatte der Evangelisierung gewidmet . Eines verhängnisvollen Abends, als die Mutter nach einer langen Reise nach Hause zurückkehrte, lief ihre kleine Tochter die Treppe hinunter, um sie zu begrüßen. In ihrem äußersten Wunsch, ihre Mutter wiederzusehen, vergaß das Kind alle Gefahr, rutschte über das Treppengeländer und wurde zerschmettert und bewusstlos hochgehoben. In weniger als einer Stunde war ihr sanfter Geist geflohen.

„Am Sarg dieses Kindes", sagte Frau Butler, „geweihte ich mein Leben der Linderung meiner leidenden und unterdrückten Brüder und Schwestern. Mein großer Wunsch war, dass sie eine Predigerin des Wortes Gottes werden sollte. Und jetzt „fügte die Mutter hinzu und warf ihre Arme um die Marschallin , „bei einem anderen neuen Sarg habe ich meine lange verlorene Tochter gefunden, eine von Gott auserwählte und gesegnete Evangelistin." Als die Marschallin eigene Töchter bekam, nannte sie die älteste Katharina Evangeline und die jüngste Josephine.

Von diesem Garten aus zog die Gesellschaft zum Kirchhof, wo der Marschall mit den schönen Worten sprach: „Wer sind diese, die in weiße Gewänder gekleidet sind, und woher kamen sie?" Gerade als John Wyssa , der jüngere Bruder von Charles, eine Handvoll Erde auf den Sarg warf und die Worte „*Au revoir, mon frère*" murmelte, näherte sich der Bürgermeister der Kommune, um Miss Booth zu verhaften. An diesem Punkt mischte sich Oberst Clibborn ein und sagte: „Sir! Dies ist eine Beerdigung." Er war ein grober , brutaler Kerl, ganz anders als der Polizeipräfekt in Neuenburg. Der Bürgermeister, der es nicht beachtete, legte seine Hand auf Miss Booths Arm, als sie sich mit blitzenden Augen zu ihm umdrehte und sagte: „Hände weg! Das ist heiliger Boden! Sehen Sie nicht, dass wir uns in der Gegenwart der Toten befinden? Ich." beende diesen Gottesdienst und werde dann mit dir sprechen.

Als die Bestattungsriten beendet waren, dachte der Bürgermeister , er sei endlich an der Reihe. Er wollte gerade mit der Verhaftung fortfahren, als der Marschall immer noch Einspruch erhob.

„Du kannst mich nicht verhaften!"

Der Bürgermeister starrte verwirrt.

„Ich sage, du kannst mich nicht verhaften!"

"Darf ich fragen warum?"

„Denn ich kann beim besten Willen nicht gleichzeitig in zwei Gefängnisse in zwei Kantonen gehen. Ich werde in Nauchâtel erwartet ."

Der Bürgermeister erkannte, dass sie recht hatte, und zog sich niedergeschlagen zurück.

Die Marschallin kehrte nach Nauchâtel zurück und ergab sich ihrer Kaution. Die eisernen Tore des düsteren Gefängnisses schlossen sich vor ihr. Die Inhaftierung teilte ihre treue Stellvertreterin Kate Patrick, die sich weigerte, sie zu verlassen.

Es dauerte zwölf Tage, bis der Prozess begann. Der Marschall befand sich in einem anfälligen Gesundheitszustand und wurde häufig krank. Die Hungerstreiks und Zwangsernährung dieser letzten Tage hätten sie bald getötet. Sie versuchte zu essen, hatte aber wenig Appetit, und das Wenige, das sie hatte, wurde durch den Knoblauch im Essen zerstört. Mäuse störten sie nachts und am frühen Morgen waren die Gerüche , die aus den Gängen kamen, unerträglich. Die einzige Möglichkeit, Linderung zu verschaffen, bestand darin, ihr Gesicht zwischen die Eisengitter des Fensters zu stecken und die Luft einzuatmen, die vom See aufstieg. Sie war immer dankbar, dass ihr Gesicht dünn war und einfach durch die kalten Stäbe ging.

Eines Morgens um fünf oder sechs Uhr wurde sie von fröhlichen Stimmen geweckt, die außerhalb der Gefängnismauern vertraute Chöre sangen. Es ging ihr sehr schlecht, aber sie kroch von ihrem harten Bett zum Fenster, winkte mit der Hand und rief „Amen!" Dann befestigte sie ihr Taschentuch an einer Stange und ließ es wie eine Fahne flattern. Das Signal wurde mit Rufen wie „Amen, Maréchale – seien Sie guten Mutes – warten Sie – Halleluja!" empfangen.

Als die Zeit verging, wurde sie in sich selbst hineingeworfen und erlebte einen großen Seelenkampf. Sie war kürzlich Opfer eines ätzenden Artikels geworden, der äußerst ignorant und grausam ungerecht war und in einer religiösen Zeitung erschienen war, der angeblich von der Frau eines Schweizer Pfarrers verfasst worden war. Es hatte ihr Unweiblichkeit, Unbescheidenheit und Eitelkeit vorgeworfen. Sie machte die schmerzliche Entdeckung, dass sie noch nicht sagen konnte: „Mich bewegt nichts davon." Die vergifteten Pfeile waren tief eingedrungen, trieben ihr Tränen aus den Augen und beeinträchtigten ihren Seelenfrieden. Als sie zufällig eine kleine Schiefertafel bemerkte, die an der Wand ihrer Zelle hing, nahm sie sie herunter und begann darauf alle Anschuldigungen zu schreiben, die ihre Feinde gegen sie vorbringen könnten. Dabei fragte sie sich: „Könnten Sie Ihren Namen aufschreiben und sagen?" akzeptierst du das und das?" Ihr Gewissen zwang sie zu der Antwort: „Nein, es gibt einige Dinge, die ich nicht ertragen konnte." Sie war entsetzt, als sie an weitere und größere Prüfungen dachte, die Gott ihr auferlegen könnte. Er könnte ihr die Gesundheit nehmen. Er könnte sie nach Japan schicken. Er könnte ihr den Ruf nehmen und es ihr unmöglich machen, sich zu verteidigen. Konnte sie solche Dinge ertragen? Nein, sie konnte ihren Namen noch nicht unter die schrecklichen Worte setzen, die sie schrieb. Voller Trauer legte sie die Tafel wieder an ihren Platz, und zwei Tage lang hing sie mit einer Liste grausamer Dinge, die sie nicht akzeptieren konnte, an der Wand. Aber während dieser Tage dachte sie nach und betete. Sie tadelte ihre Zweifel und Ängste. Wie konnte sie jemals ihrem Herrn misstrauen, der sie mit so unendlicher Zärtlichkeit geführt hatte? Wie kann man sich vorstellen, dass Er ihr jemals mehr auferlegen würde, als Er ihr die Kraft geben würde, sie zu tragen? Sie schlich sich bald an Seine Arme heran und erkannte , dass außer Zweifel nichts wirklich unerträglich war. Sie nahm ihre Schiefertafel herunter, las noch einmal alles durch, was sie zu ertragen haben würde, und unterzeichnete mit „Catherine Booth". Dann füllten die Engel Gottes die Gefängniszelle; der Frieden und die Freude des Himmels durchfluteten ihre Seele; Und von dieser Stunde an war ihre Gemeinschaft mit ihrem Herrn so süß, dass sie die Wände ihres Kerkers küsste, bevor sie zu ihrem Prozess geführt wurde.

An diesem Tag (19. September) schrieb sie ihr exquisites Gefängnislied „Beste Geliebte meiner Seele" und schickte es ihrem Vater. Es wurde gesungen, als sie noch im Gefängnis war, bei einem großen Gebetstreffen in Exeter Hall, bei dem Frau Butler sprach. Es wurde zunächst auf Französisch verfasst, der Sprache, in der sie nun gewöhnlich dachte, und von ihr selbst ins Englische übersetzt. Letzteres ist bekannt und viele Leser werden sich über die Franzosen freuen.

O Toi que mon âme adore,

Ich bin nicht allein Hier ,

Car je T'y Retro -Zugabe ,

Et je suis au ciel ainsi ,

Mein Leben est à Ton service,

Je T'appartiens sans retour;

Corps et âme en opfer,

Je Te suivrai Nacht und Tag.

Combattons dans la souffrance ,

Et les yeux baignés de pleurs ;

Bien près est la delivrance ,

Voici l'Homme de douleurs !

Sa voix chasse ma tristesse,

Mein Leidwesen ist es dissipé ;

Ich singe mit allen ,

Mein Cachot Europäische Sommerzeit transformé !

Au milieu de la tempête

Rien ne peut troubler ma paix ;

Son amour que rien n'arrête

Peut me garder à jamais.

Der Kampf ist schrecklich,

L'enfer Rugit contre nous;

Mais l'Armée est unbesiegbar:

Avec Dieu nous vaincrons tout.

Während der zwölf Tage ihrer Gefangenschaft erhielt die Marschallin zahlreiche Beileids- und Aufmunterungsbriefe von Schweizer Freunden, deren Worte ihr bewiesen, wie tiefgreifend und real die Arbeit der *Armée du Salut* im Land gewesen war. Eine der interessantesten wurde von 72 Müttern unterzeichnet, die frohes Zeugnis von der Bekehrung ihrer Söhne und Töchter ablegten, und zwei weitere wurden von mehreren Frauen unterzeichnet, die Gott für die Bekehrung ihrer Ehemänner lobten.

Von zu Hause kamen noch innigere Briefe an Catherine, die alle warme Liebe, zärtliche Fürsorge und die glühende Hoffnung ausstrahlten, dass aus dem Bösen Gutes werden würde. „Ich sehe bei Ihnen durchaus", schrieb ihre Mutter, „dass die Hand Gottes in all dem steckt, und es scheint, dass es keine andere Möglichkeit gibt, sie aufzurütteln, wenn Gemeinschaften oder Nationen in Sünde und Dunkelheit versinken, als durch solch ein Aufblitzen." Die Wahrheit in ihrer Mitte wird Verfolgung hervorrufen. Gott möchte die Aufmerksamkeit des Volkes, und das ist zweifellos der beste Weg, sie zu sichern ... Vielleicht haben Sie Recht, wenn Sie Ihre eigene Sache vertreten, nur sollten Sie jemanden haben An deiner Seite, der das Gesetz kennt. Ich fürchte, du wirst in Rechtsfragen nicht auf dem Laufenden sein, sonst habe ich keinen Zweifel daran, dass Gott dir geben wird, was du sagen sollst. Ich halte es für eine großartige Sache, ein Kind für Jesus im Gefängnis zu haben ' Um Himmels willen; es könnte nur einen größeren geben, nämlich selbst dabei zu sein; aber man hätte es in diesem Zeitalter kaum für möglich gehalten. Wie wahr, dass der Teufel echte Heilige so sehr hasst wie eh und je, und dass der Geist der Verfolgung nur braucht die wirkliche Gegenwart des Geistes Gottes, um es hervorzurufen ... Dass der Herr Sie tröstet und behütet und sich Ihnen *immer* mehr offenbart und Sie zu einer Mutter der Nationen macht, betet Ihre liebevolle und mitfühlende Mutter.

„Catherine Booth."

Der nächste Brief offenbart auf bewundernswerte Weise das Herz des Vaters und des Generals. Mit der tiefsten Sorge um seine geliebte Tochter verbindet sich ein lebhaftes Gefühl dafür, dass seine Feinde über sich hinauswachsen und ihm und seiner Sache den größtmöglichen Dienst erweisen. Er schrieb: „Mein Liebling, niemand kann die Ängste beschreiben, die wir alle in dieser Woche in Bezug auf Dich durchgemacht haben ... Wir wurden von einem Telegraphenboten mit einem Telegramm aus Genf geweckt und sagten: , Blücher bleibt bis zum Prozess inhaftiert. Patrick mit ihr – gepflegt.' Der letzte Satz erfüllt uns mit Erleichterung. Wir interpretieren ihn so, dass Patrick als Ihre Sekretärin oder Ihr Dienstmädchen bei Ihnen ist und Sie mit allen Ihren Bedürfnissen versorgt werden und keine *Nöte haben ... Anbei ist die Times* von heute Morgen . Alle Zeitungen haben Notizen darüber , so dass es um die ganze Welt fliegt. *Wenn du gesundheitlich nicht leidest, ist mir das egal* . Es wird alles gut gehen. Aber deine Gesundheit ist mir meiner Einschätzung nach wichtiger als die ganze Schweiz. Wenn Davon können Sie sich nur überzeugen lassen! Ich bin mir ganz unsicher, ob das bei Ihnen ankommen wird. Es wird sofort ein Unwetter geben und kein Fehler, wenn diese Schweizer so weitermachen. Wir alle senden Ihnen unsere *ganze* Herzensliebe und jede Menge Gebete und Mitgefühl . Gott segne und behüte Sie! Erinnern Sie sich an mich, Lieut. Patrick.

„Dein liebevoller Vater,

„William Booth."

der Maréchale in Paris gewesen war , schrieb ihr: „Ich fühle mich, als wären Sie in ein Land geritten, in dem ich Sie nicht mehr ‚Katie' nennen kann. Aber ich werde es tun." Sagen Sie, und ich sage es in meinem tiefsten Herzen, meine heilige Katharina, die ich für würdig erachtet habe, zu leiden ... Wenn ich Sie nur bitten könnte, sich daran zu erinnern, dass Ihre Gesundheit alles ist. Dies ist der Anbruch eines herrlichen Morgens in Ihrer Arbeit – der Vorbote eines glorreichen Sieges. Könntest du mir über Patrick die ganze *Wahrheit* mitteilen – lass es mich einfach wissen – nur dein Flo – ob es so schlimm ist wie eine Gefängniszelle und ob es deinem Körper auch nur das geringste *schadet* Schaden? ... Ich wünschte, du könntest in deiner Einsamkeit wissen, wie wir dich alle lieben – ich wünschte, die Brise über dem See könnte dir ein paar Flüstern von dem bringen, was wir über dich gesagt haben. Der herrliche Gott ist unser Gott für immer und ewig immer, und seine feurigen Streitwagen sind mit dir – seine unsichtbare Armee ist um dich herum. Dein eigener Flo. 20. 9. '83."

Ihre Schwester Emma, die jetzt die Ausbildungsschule in der Kongresshalle leitete, schrieb: „Was kann man in solchen Zeiten im Vergleich zu dem sagen, was man fühlt? Ich werde nicht versuchen zu schreiben. Ich bete. Alle Herzen hier halten." Du bist unaufhörlich wach – dein Beispiel ist vor uns! In der Nacht und am Tag bin ich bei dir – in deinem Kummer finde ich deine Freude an dem, was aus allem herauskommen wird. „Sie wissen nicht, was sie tun", und aus ihrem Alle Anstrengungen, Gottes Werk zu behindern und zu stoppen, werden sich über alle Maßen ausbreiten. Der Verlust ist groß, meine kostbare Schwester, aber der Lohn wird unendlich größer sein, und an beidem hättest du teilhaben dürfen. Es wäre einfacher gewesen, mit ihm zusammen zu sein Du, aber ich werde hier in meiner Ecke härter als je zuvor kämpfen. Erfüllt von tiefstem Mitgefühl und sehnsüchtigem Wunsch, dass

Sein Königreich in die Schweiz kommt! Hingebungsvoll, Emma. PS. Es ist dein Rücken, um den ich am meisten zittere – dein armer Rücken! Ich Ich frage mich, ob Sie Kissen haben. Segne deine liebe kleine Pattie [Miss Patrick]. Oh, jeden Moment bin ich bei dir! JESUS ist – Er liebt und wählt und wird dich ehren !"

Zu denjenigen, die dem Gefangenen schrieben, gehörte George Railton,[1] den sie fast wie einen älteren Bruder betrachtete. Er hatte während ihrer Kindheit mit der Familie zusammengelebt, und als sie ein zwölfjähriges Mädchen und älter war , stand sie um sechs Uhr morgens auf und schlüpfte barfuß die Treppe hinunter, um Mutter nicht zu wecken, um mit ihr eine Bibelstunde zu nehmen ihn. Die Vorträge in diesen Morgenstunden betrachtete sie stets als einen der großen prägenden Einflüsse in ihrem Leben. Railton, der erste Kommissar des Generals, verfolgte ihre Karriere mit tiefem und liebevollem Interesse. Er schrieb am 25. September: „Liebe Maréchale- Gefangene, ich komme gerade von diesem großartigen Gebetstreffen [in Exeter Hall, das als Protest gegen ihre Inhaftierung abgehalten wurde], einem der größten und besten, das die Welt je gesehen hat ... Das Die Art und Weise, wie die Salven zum richtigen Zeitpunkt ausbrachen und durch die ganze Halle hallten, klang großartig. Und der Anblick von Tausenden, die aufstanden, um sich Gott hinzugeben, Hunderte und Aberhunderte für den Dienst im Ausland und alle für den Dienst irgendwo, war großartig ... . Mein Eindruck ist, dass sie [die Schweizer], da sie die ganze Zeit über gegen das Gesetz verstoßen haben, es höchstwahrscheinlich tun werden, wenn es um das Urteil geht ... Gott weiß, was als nächstes kommt, aber wir werden auf jeden Fall gewinnen."

[1] Seitdem diese Seiten geschrieben wurden, ist dieser bemerkenswerte Mann – wie er es wünschte – in seiner Rüstung gestorben und „zum Ruhm befördert" worden.

Gegen Ende ihrer Gefangenschaft schrieb Catherine: „Gott wird uns durch diesen Sturm die Tür öffnen. Mein Wille ist Gottes Wille. Ich möchte nur seinen Wunsch für die Welt erfüllen. Mach dir keine Sorgen. Jesus ist hier. Es gibt ihn." Es liegt ein so wunderbarer Sieg vor mir, dass mein ganzer Ruf lautet: „Herr, mach uns *ihm gewachsen* ! – bereit in jeder Hinsicht! Immer kämpfend, im Gefängnis wie auf dem Feld, um Ihn zu erkennen. Ich habe diesen wunderbaren Anblick gesehen." „Golgatha. Ich muss immer in Sichtweite davon leben."

Der Prozess fand am Samstag, den 25. und Montag, den 27. September in Boudry statt. Es erregte in der Schweiz und weit darüber hinaus größtes Interesse. Das *Journal de Genève* sagte: „Diese Anklage in Boudry hat im höchsten Sinne des Wortes eine immense politische Bedeutung, und die Entscheidung, wie auch immer sie ausfallen mag, wird ihren Platz in der

Geschichte der republikanischen Rechte einnehmen." Selbst die Zuversichtlichsten hofften kaum auf einen Freispruch des Angeklagten. Doch das Unerwartete geschah, und der Triumph der Gerechtigkeit war der Triumph einer Frau.

Der Staatsanwalt verbrachte viel Zeit damit, zu beweisen, dass die Salutisten Betrüger und Fanatiker waren. Eine junge Engländerin hatte dem Großen Rat einen Verstoß gegen die Verfassung vorgeworfen. Ihre Missachtung des Gesetzes war umso überraschender, als die Engländer niemals gegen das Gesetz rebellierten, so ungerecht es auch sein mag (!). Wenn die *Armée du Salut* nicht unterdrückt würde, müssten sie ihre Asyle vergrößern. Christus, der vielleicht der religiöseste Mann aller Zeiten war, bevorzugte das private Gebet gegenüber dem öffentlichen. Die stille Gemeinschaft mit Gott war besser, als aufzustehen und zu rufen: „Ich bin gerettet!" Während sich die Angeklagte über das Gesetz stellte, war die Königin von England verpflichtet, sich den Gesetzen des Parlaments zu unterwerfen. Da die *Salutisten* das Dekret nicht nur ignoriert, sondern vorsätzlich verletzt haben, müssen sie die Konsequenzen tragen, und zweifellos würden sie sich über die Krone des Märtyrertums freuen!

Am zweiten Verhandlungstag erhob sich die Marschallin nach einer Verteidigungsrede von Herrn Monnier, um ihre eigene Sache zu vertreten. Obwohl sie zwölf Tage im Gefängnis verbracht hatte und viele Stunden in der erdrückenden Atmosphäre eines überfüllten Gerichtsgebäudes gesessen hatte, überwand sie ihre Erschöpfung und ihr Geist bezwang den gebrechlichen Körper. Seit ihrem sechzehnten Lebensjahr war sie es gewohnt, vor großen Menschenmengen zu stehen, und nie war sie völliger Herr über sich selbst und ihr Publikum als in dieser kritischen Stunde. Ihre Stimme war nie klarer und ihr Verhalten nie gebieterisch. Ihr Bruder Herbert, der im Gericht saß, sagte, er sei erstaunt über ihre Macht. Als sie sich für die Religionsfreiheit einsetzte, hatten ihre Zuhörer das Gefühl, dass sie nicht gekommen war, um gerichtet zu werden, sondern um über sie alle zu urteilen. Einige Auszüge sollen die Qualität ihrer Rede veranschaulichen.

„Was braucht die *Armée du Salut* ? Erlauben Sie mir, eine Passage aus einer Ihrer eigenen Zeitschriften vorzulesen: ‚Die Kantonsregierungen werden mit Besorgnis zusehen, wie die Flut der Demoralisierung bedrohlich immer höher steigt; und anstatt zu versuchen, die Ursachen zu zerstören Bei dieser Sintflut nehmen sie nur die restlichen Dämme weg.' Angesichts dieser Tatsachen ist es unnötig, auf die Notwendigkeit einer *Armée du Salut* einzugehen .

„Der Staatsanwalt hat in Bezug auf die Arbeit gesagt, dass sie die gesamte Bevölkerung bewegt hat und dass es dafür einen Grund geben muss. Er hat Grund, das zu sagen. Ich stimme ihm zu; es muss einen Grund geben, der viel tiefer liegt Alles, was heute hier erwähnt wurde. Es ist die Ursache, die wir angreifen – die im Herzen des Menschen existiert.

„Was unser Ziel betrifft, versuchen wir, diese Menschen, die gegen Ihre Gesetze verstoßen, die gegen Gott kämpfen, zu den Füßen dessen zu bringen, der allein sie ändern kann, zu der einzigen Hoffnung, die es für sie gibt, dem Retter der Welt. Wir Wir arbeiten, wir leben, wir leiden, um dies zu tun. Dies ist unsere einzige Hoffnung und unser einziges Ziel: die Welt zum großen Erlöser Jesus Christus zu bringen.

„Ah! Die Frage aller Fragen, die Frage, der sich jeder intelligente Mann stellen sollte, ist: Was sollen wir mit den Massen machen? Wenn sie nicht von der Kraft des Evangeliums erreicht werden, wird ein Tag kommen, an dem sie sich umkehren werden Dann werden Sie, meine Herren, Grund haben, Ihr Handeln in dieser Angelegenheit zu bereuen. Wenn diese Störenfriede in der Lage sind, solchen Hass und Zorn gegen die Bürger zu zeigen, die zu ihnen beten Gott, sie werden auch in der Lage sein, denselben rebellischen Geist gegen jede andere Meinung oder jedes andere Gesetz zu zeigen, das ihnen möglicherweise nicht gefällt.

„Wir haben die Menschen nicht so gemacht. Denken Sie daran, dass wir nicht diesen schrecklichen Zustand der Barbarei geschaffen haben, der in dieser Halle losgelassen wurde und der mir beim Zeugen viele Male das Herz bluten ließ. Wer ist dafür verantwortlich?“ Das können wir nicht, denn wir sind erst seit ein paar Monaten in Ihrer Stadt.

vorsätzlich über uns verbreitet wurden , lassen wir uns nicht entmutigen! Wir wissen, dass Wahrheit und Gerechtigkeit bald siegen werden. Umso mehr liebe ich die Schweiz für das, was wir ertragen mussten (*Applaus*). Eine kleine Weile und Die Schweiz wird uns lieben. Wir werden Tausende für Gerechtigkeit, Frieden und Himmel gewinnen.

„Der Staatsanwalt verwies auf die Königin und sagte, dass selbst sie den Beschlüssen des Parlaments unterworfen sei, dass ich mich jedoch über sie gestellt habe, indem ich mich geweigert habe, den Beschlüssen des Großen Rates zu unterliegen. Es gibt keine Parallele zwischen Ihrer Majestät und mir. Nein.“ Es wurde ein Gesetz erlassen, das ihr das Beten in einem Wald verbietet, sonst hätte Ihre Majestät meiner Meinung nach etwas zu diesem Thema zu sagen (*Sensation*).

„Ein Wort zum Schluss: Sie können uns bestrafen; Sie können uns einsperren; Sie können uns strafrechtlich verfolgen, solange es Ihnen erlaubt ist; aber was Sie nicht tun können, ist, diese Arbeit zu stoppen – sie zu unterdrücken. Hüten Sie sich vor dem, was Sie zum Wohle Ihres Landes tun.“ , um Jesu Christi willen. Passen Sie auf, dass Sie, indem Sie uns verbannen, nicht das Licht verbannen, dass Sie Jesus Christus nicht verbannen, und dass Sie an dem großen Tag, an dem Sie Rechenschaft ablegen müssen, des Kampfes gegen Gott für schuldig befunden werden."

Dieses Flehen war unwiderstehlich. Die Jury hatte nicht den Mut, das Gesetz durchzusetzen. Zu ihrer Ehre ließen sie sich von Gerechtigkeitserwägungen leiten. Sie stellten fest, dass die Angeklagte zwar gegen die Verfügung verstoßen habe, aber nicht mit „schuldhafter Absicht" gehandelt habe. Aufgrund dieses Urteils wurde sie freigesprochen. Das Urteil wurde von ihren Freunden im Gericht mit einem inbrünstigen „Amen" aufgenommen. Und der Marschall gebührt der Dank jedes Schweizer Patrioten. Durch ihren kühnen und erfolgreichen Rechtsanspruch hatte sie Geschichte geschrieben. Zu einer Zeit, als die alte Republik ihre edelsten Traditionen vergaß und sich selbst untreu war, stellte sie ihr Ideal wieder her. Sie bestätigte die Freiheit jedes Mannes und jeder Frau, Gott nach ihrem Gewissen anzubeten. Sie brachte die Kronenrechte des Erlösers zurück in die Hügel und Täler der Schweiz.

Niemand würdigt oder spricht heute enthusiastischer als die Marschallin über die Hingabe und Tapferkeit ihrer Kameraden, allen voran Colonel Clibborn , und geistlicher Kinder dieser Zeit.

KAPITEL VI

DIE SEELE FRANKREICHS

Es ist nicht leicht, die idealen und spirituellen Elemente des Charakters zu erreichen, die durch das leichte Lachen oder die höfliche Verachtung des typischen Franzosen verdeckt werden, der glaubt oder vorgibt zu glauben, dass Religion nur Priestern und Frauen vorbehalten sei. Bei der Eröffnung eines neuen Saals in der Rue Oberkamff schüttelte ein großer Kerl dem Marschall die Faust ins Gesicht und sagte: „Ein Engländer darf die Religion annehmen – ein Deutscher – oder ein Heide, aber ein Franzose – niemals!" „O Gott, wenn es Dich gibt, rette meine Seele, wenn ich eine habe!" war das Gebet eines anderen Mannes, der die Versammlungen seit einiger Zeit besuchte und mit seltsamem Pathos auf die Verwirrung hinwies, in die viele der Gebildeten wie auch der Unwissenden geraten waren. „Es darf kein Fehler passieren", sagte eine französische Schriftstellerin, Louise de Croisilles ; „Es ist keineswegs unnatürlich, dass die Armee in Indien oder sogar unter der brennenden Sonne Afrikas Fuß gefasst hat, aber dass sie in Paris, dem Zentrum des freien Denkens und Unglaubens, akzeptiert wurde, das ist eine unglaubliche Sache."

Dennoch leidet der Franzose wie andere Männer an der „Krankheit des Ideals". Sein Herz ist ruhelos, bis es in Gott ruht, und es ist reine Ungläubigkeit zu sagen, dass er durch die Gnade Gottes nicht gewonnen werden kann. Wenn er skeptisch ist , dann deshalb, weil er keine Vorstellung von der faszinierenden Schönheit des Christentums hat; Wenn er ein Spötter ist, dann deshalb, weil er nie mit Menschenleben in Berührung gekommen ist, die ihm die unendliche Güte Gottes nahebringen.

Nach dem großen juristischen Sieg der Marschallin , der eigentlich ein Triumph des Evangeliums über seine Feinde war, kehrte sie nach Paris zurück und nahm in aller Stille ihre Aufgaben wieder auf. Sie änderte sich in keiner Weise, die öffentliche Meinung über sie änderte sich jedoch zweifellos. Sie war zu einer bemerkenswerten Person geworden. Herausgeber von Zeitungen und Zeitschriften schickten Reporter zu ihren Treffen am Quai de Valmy oder in das neue Hauptquartier in der Rue Auber und empfanden die pikanten Berichte über ihre Sprüche und Taten als hervorragende Kopie. Besucher der Stadt kamen, um ihr zuzuhören. Künstler bettelten um die Ehre , ihr Porträt für den Salon malen zu dürfen, eine Ehre , die sie jedoch konsequent ablehnte. Der Sohn von Garibaldi lud sie nach Italien ein, wo sie, wie er sagte, willkommen geheißen und nicht wie in der Schweiz behandelt würde. Nichts davon bewegte sie jedoch. So wie sie Gott in ihrem Gefängnis versprochen hatte, dass sie niemals durch die Verleumdungen der Menschen deprimiert werden würde, so betete sie nun, dass sie sich niemals durch deren Lob erfreuen möge. Mit stärkerem Glauben und leidenschaftlicherer Hoffnung stürzte sie sich wieder in die spannende Arbeit. Man sieht, dass sie mit ihrer Fantasie arbeitete; dass sie ihren Intuitionen gehorchte; dass sie die Originalität und den Erfindungsreichtum der Liebe bewies; und ihre Bemühungen wurden so belohnt, dass das Jahr 1884 ihr *annus mirabilis war*, an dessen Ende sie schrieb: „Können Sie sich die Verwirrung vorstellen, die mich überkommt, wenn ich mich hinsetze, um eine Vorstellung von der wunderbaren Art und Weise zu vermitteln, in der Gott geführt und geholfen hat? " uns im Laufe des Jahres? ... Es ist nicht übertrieben zu sagen, dass wir uns in den letzten zwölf Monaten von der Position einer kleinen und fast unbekannten Mission zu der einer großen spirituellen Kraft entwickelt haben, die in ganz Frankreich und der Schweiz anerkannt und spürbar ist. "

Zu diesem Ergebnis trugen eine Reihe frischer Inspirationen bei. Die erste davon war der Besuch der Cafés von Paris. Eines Winterabends gingen die Marschallin und zwei junge Kameradinnen, Blanche Young und Kate Patrick, mit Schals auf dem Kopf hinaus und machten sich auf den Weg zu einem der Boulevardcafés. Der Anführer ging an der Tür vorbei und noch einmal daran vorbei. Sie wandte sich an ihre Leutnants und sagte: „Sie haben Ihre Maréchale bis jetzt noch nie kennengelernt; Sie sehen, was für ein Feigling sie ist!"

THE MARÉCHALE IN THE CAFÉ
(From the painting of Baron Cederström, now in the Picture Gallery of Stockholm)

"Nein nein Nein!" beide protestierten.

Schließlich legte sie ihre Hand auf die Tür, stieß sie auf und ging hinein. Ein Mann in einer weißen Schürze verkaufte Getränke. Sie ging auf ihn zu und sagte: „Darf ich etwas singen?"

Er starrte mit offenem Mund.

Von Kopf bis Fuß zitternd wiederholte sie: „Ich möchte etwas singen."

"Sehr gut!"

Sie begann:

„Le ciel Es ist meine Schöne Patrie ,

Les angels y font leur séjour;

Der Soldat qui lutte et qui prie

Y sera bientôt à son tour."

Während sie sang, mischte sich Blanche mit ihrer Gitarre und ihrer zweiten Stimme ein. Als sie weitergingen, hörte das Rauchen, Trinken und Kartenspielen auf und alle Gesichter waren ihnen zugewandt. Sie sangen am:

„ En marche , en Marken ,

Soldaten , vers la patrie !

En marche , en Marken ,

Soldaten , vers la patrie !"

Als sie die Hymne beendet hatten, dankte die Marschallin ihrem Publikum und fügte hinzu, dass sie sie in der Rue Auber Hall noch einmal hören könnten; und dass sie einen Freund kannte, von dem sie ihnen erzählen wollte. Als sie und ihre Kameraden sich umdrehten, um hinauszugehen, verneigte sich der Mann in der weißen Schürze, als hätten sie ihm einen Gefallen getan.

„Darf ich ein anderes Mal kommen?" sagte der Marschall .

„Gewiß, Mademoiselle!"

Sie besuchten an diesem Abend sechzehn Cafés, und als sie nach Hause kam , hatte sie das Gefühl, noch nie in ihrem Leben glücklicher gewesen zu sein, nie näher bei Jesus. Sie hatte auf ihre Weise versucht, seinem Gebot zu gehorchen: „Lass dein Licht vor den Menschen leuchten." Seitdem wurden Abertausende Cafés besucht und so viel Gutes getan. Lassen Sie einen Fall für viele stehen.

Früher gab es in Paris einen bekannten Ferienort namens Café de l'Enfer , dessen Fenster und Wände mit grellen Szenen bemalt waren, die die Hölle darstellten. Dort unterhielten geschminkte und gepuderte Sängerinnen Leute vom Typ Draufgänger, die trinkend und rauchend an kleinen Tischen saßen. Aus einem offenen Sarg starrte ein grimmiges Skelett jeden an, und für die kühnsten Witze über den Tod wurden Preise verliehen. Je ungeheuerlicher die Gotteslästerungen waren, desto lauter wurde der Beifall, mit dem sie aufgenommen wurden.

Aber die Marschallin und ihre jungen Leutnants, „in völligem Stahl bewaffnet" – der Rüstung Gottes –, hatten keine Angst vor den Toren der Hölle. Nachdem sie die Erlaubnis zum Singen erhalten hatten, bestiegen sie die *Estrade* und trugen einige ihrer schönsten Einzellieder vor. Das Café-Orchester begann sofort zu singen, als wäre es dafür bezahlt worden. Die Lieder des Paradieses fanden auch in diesen Regionen großen Anklang, und dann trat die Marschallin vor und hielt eine kleine Ansprache:

„Du bist hier sehr klug. Du *spielst* sehr gut. Aber es ist eine Rolle , die du spielst. Dein Lachen ist nicht echt; ich kann dir die Quelle wahren Lachens und wahrer Freude nennen. Das ist kein Leben, es ist der Tod; ich Ich kann Ihnen sagen, was das wirkliche Leben ist. Das ist kein Frieden, es ist ein Versuch, Sorgen zu übertönen und Ärger zu vergessen. Ich kann Ihnen das Geheimnis des Friedens verraten. Lassen Sie mich Ihnen meine Adresse geben, wo Sie uns wieder singen hören können.

Es erforderte ebenso viel moralischen Mut, diese Rede zu halten, als allen Juristen Helvetiens gegenüberzutreten.

Als die Marschallin ging, kam sie an einem hübschen Mädchen vorbei, dem sie ins Ohr flüsterte: „Was machst du hier? Du solltest im Bett sein."

„Wer gibt *mir* ein Abendessen oder ein Bett?" fragte das Mädchen klagend.

" *Ich* werde!" rief der Marschall aus ; „Komm mit mir, schnell!"

Sie rief ein Taxi, setzte das Mädchen hinein und fuhr davon. Das arme Kind, achtzehn Jahre alt, hatte eine traurige Geschichte zu erzählen. In ihren Adern floss edles Blut, und sowohl ihrer Mutter als auch ihr war grausames Unrecht widerfahren. Der Marschall führte sie zu Christus und sicherte ihr schließlich eine Stelle an einem der besten Colleges Amerikas, wo sie allgemein respektiert wurde. Kurz nachdem sie dort eingesetzt worden war, schickte sie der Marschallin 500 Francs mit der erbärmlichen Botschaft: „Rette einen anderen, so wie du mich gerettet hast."

Die Methoden des Marschalls erregten natürlich Anstoß bei jenen, die nicht den Mut hatten, sie zu übernehmen. Eines späten Abends standen sie und einige Kameraden an der Tür eines Theaters, während es sich leerte. Einer ihrer jungen Offiziere rief in klarer, durchdringender Stimme: „Macht euch bereit, eurem Gott zu begegnen!" Die Worte schienen einen elektrischen Schock durch die schwule Menge auszulösen. Daraufhin trat ein Herr zur Marschallin und sagte:

„Mademoiselle, Sie sind offensichtlich junge Mädchen aus gutem Hause, und ich bin empört, Sie zu dieser Stunde hier zu sehen. Auch ich beschäftige mich mit dem Predigen, aber ich bin schockiert über Ihr Verhalten ."

"Wirklich?" Sie antwortete: „Und ich bin empört darüber, dass Sie empört sind . Sie geben vor, an das Evangelium zu glauben. Wie können Sie diese gleichgültigen Zehntausende dazu bringen, vom Erlöser zu hören ? Sie werden nicht kommen, um Ihnen zuzuhören. Was wäre natürlicher und ... mehr im Einklang mit den Grundsätzen Jesu, als zu ihnen zu gehen und sie zum Hören zu zwingen?"

Zehn Minuten später kam der Herr zurück, drückte ihr ein Fünf-Franken-Stück in die Hand und sagte:

„Du hast recht!"

Für junge Mädchen war es unmöglich, sich gegen Mitternacht auf den Boulevards aufzuhalten, ohne manchmal belästigt zu werden. Aber die Anführerin würde ihre Soldaten wie folgt anweisen: „Wenn sie euch die abscheulichsten Dinge der Welt sagen, denkt daran, dass das nur die Außenwelt ist. Denkt an ihre Seelen, die Christus so teuer waren. Sagt ein oder zwei Sätze, die ihnen im Gedächtnis bleiben." , und weitergeben."

Mehr als einmal hat sie bewiesen, dass diese Vorgehensweise sehr effektiv ist. In einer Ecke eines Boulevards kam ein „Herr" auf sie zu und bat um ein Rendezvous. Sie sah ihn schweigend an, was er als Zustimmung ansah.

"Wo?" fragte er und holte seinen Bleistift und sein Notizbuch heraus.

„ *Devant le Trône de Dieu!* " (Vor dem Thron Gottes!)

Der Mann ergriff die Flucht und rannte davon.

Das ging durch ganz Frankreich. Eines Tages wird das gleiche Schwert das Gewissen jedes Roués im Universum durchbohren.

Die zweite ursprüngliche Idee des Maréchale bestand darin, eine Reihe von *Conférences* (Treffen) im eleganten Hörsaal des Boulevard des Capucines zu beginnen . Ihre zunehmende Beliebtheit vertiefte ihr Pflichtgefühl gegenüber der Stadt, in der sie adoptiert wurde, und legte ihr die Möglichkeit nahe, Christus sowohl auf die Boulevards als auch in die Villette zu bringen. Sie könnte im fröhlichen Paris nicht leben, ohne tiefes Mitleid mit den gedankenlosen, ungläubigen Reichen zu haben, für die es sprichwörtlich so schwer ist, ins Himmelreich einzutreten. Ihre Idee, die zentrale Hochburg der Mode und des Vergnügens der Welt anzugreifen, war für eine Frau gewagt, insbesondere für eine Frau aus der Jugendzeit des Marschalls . Ungefähr zu dieser Zeit las sie das *Leben Napoleons* und fand in seiner erstaunlichen Karriere viele Lektionen für einen Evangelisten. Sie war besonders beeindruckt von seinem Glauben an seinen Stern und seiner Verachtung für „ *ce bête de mot, unmöglich* ". Sie wusste, dass sie etwas Besserem vertrauen konnte als einem Star und dass sie einen stärkeren Grund hatte, daran zu glauben, dass alles möglich ist.

Ihr neuer Feldzugsplan war in seiner Konzeption und Ausführung gleichermaßen großartig. Die Conférences für Männer waren von Anfang an erstaunlich erfolgreich und wurden Jahr für Jahr erneuert. Die Zuhörerschaft war ganz anders als in einer Keswick- oder Northfield-Gemeinde, in der die Predigten hauptsächlich an Bekehrte gerichtet sind. Vielleicht die beste Parallele zu Maréchale Conférences findet sich in Professor Drummonds Sonntagabendtreffen für Studenten (nur Männer) in der Oddfellows Hall in Edinburgh, die durch einen seltsamen Zufall im selben Jahr begannen. Nachdem ich die Freundschaft dieser beiden Evangelisten genossen und ihnen viele Dutzend Male zugehört habe, war ich oft beeindruckt von ihrer Ähnlichkeit zueinander und von der Macht, die Aufmerksamkeit zu fesseln und das Vertrauen der gebildeten Männer der Welt zu erwecken, die ich habe traf niemanden, der sich mit ihnen vergleichen konnte.

Als die Marschallin kam, um ihre erste Conférence abzuhalten , betrat der Besitzer des Saales ihr Vorzimmer und riet ihr, eine Art ethischen Vortrag zu halten, anstatt von der Erlösung zu sprechen, da sich das weltliche Modepublikum und er selbst versammeln würden befürchtete, dass es ihnen nicht gefallen würde, wenn sie zu viel über Religion hörten. Aber sie hörten mit gespannter Aufmerksamkeit zu, während sie über den Text „Ohne Gott und ohne Hoffnung in der Welt" sprach. Von der zweiten Conférence Galignanis Messenger sagte: „Das Thema ‚Die größte Sünde' wurde mit einer Kraft religiöser Argumente behandelt, die bei vielen Personen im Publikum einen sichtbaren Eindruck hinterließ. Die Aufmerksamkeit war tief und respektvoll. Der Saal war überfüllt, und die Türen waren geschlossen."

vergeblich von einer zahlreichen Menschenmenge belagert, deren größter Teil draußen vor den offenen Fenstern blieb, um die Ansprache zu hören." Eine andere führende Fachzeitschrift schrieb: „Sie hat den Bürgerskeptiker, der es schon lange nicht mehr gewohnt ist, in Erstaunen zu versetzen, zutiefst in Erstaunen versetzt."

Ihr Bruder Ballington war bei einem späteren Treffen anwesend und beschrieb den Eindruck, den er auf ihn gemacht hatte, als jemand, der kein Französisch konnte. „Ich musste mein Gesicht mehr als einmal bedecken, während unsere Marschallin sprach. Ihre Worte, obwohl in einer fremden Sprache, schienen doch verständlich. Der Geist beschränkt sich nicht nur auf Worte. Er spricht durch das Gesicht, die Augen und die Hände – Er füllt die Tempel seiner Kinder. Drei Dinge fielen mir bei diesem Treffen auf: erstens die gespannte Aufmerksamkeit und das Interesse des Publikums, und es schien nur wenige zu geben, die am Ende nicht beeindruckt waren; zweitens die Art und Weise, wie die Menschen im Tempel blieben Nachbesprechung bis zum Ende; drittens das völlige Erstaunen und doch vollkommene Feierlichkeit der Gemeinde, als ein Sünder durch die Gänge kam, um Frieden zu suchen, und sich sogar erhob, als wollte er sich vergewissern, dass das, was sie sahen, eine Tatsache war." Dann fügt er hinzu – und man bemerkt den schönen Übergang – „Ich war auch anwesend und nahm an Treffen in Paris teil, an denen die Ärmsten zu Hunderten teilnahmen, und bei denen ich sah, wie Männer aus der übelsten Kaste und Leben gerettet wurden." Der Charme der Marschallin lag nicht zuletzt in ihrer Flexibilität und Anpassungsfähigkeit – ihrer paulinischen Angewohnheit, allen Menschen – den Reichen und den Armen, den Klugen und den Unklugen – alles zu bieten, damit sie einige gewinnen konnte.

Zu einem späteren Zeitpunkt hielt die Maréchale ähnliche Ansprachen in anderen Städten Frankreichs wie Nîmes , Marseille, Havre, Rouen, Lyon – und sie war überall erstaunt, als sie feststellte, dass die Franzosen, die scheinbar die gedankenlosesten waren, dennoch zu den nachdenklichsten gehörten Menschen auf der Welt. Das Ergebnis solcher Konferenzen kann nicht tabellarisch dargestellt werden. Zum einen machten sie die Marschallin mehr denn je zur Beichtmutter und geistlichen Begleiterin. Die Gedanken vieler Herzen wurden ihr bei privaten Gesprächen offenbart, über die keine Aufzeichnungen geführt wurden, und in Briefen, von denen einer das Geheimnis der Macht der Marschallin – ihren Besitz des Geistes Christi – enthalten könnte, ein zweiter als Hinweis auf den Abgrund des Zweifels, aus dem viele ihrer Zuhörer gerettet werden mussten, und einige andere als Hinweis auf den wunderbaren Erfolg, der ihre Bemühungen oft begleitete.

Der erste lautet wie folgt: „Ich freue mich, dass Sie meine Bitte annehmen, mein Haus zu besuchen. Sie werden über die Absicht nachdenken, Sie zu bitten, unter mein Dach zu kommen, wie einer vor Ihnen, der das edelste

Herz hatte, das jemals für die Menschheit geschlagen hat. Es." Weil dieses Große Herz das Deine so sehr besessen hat, dass es Dich Ihm ähnlich gemacht hat, hast Du mich zutiefst bewegt und verbessert. Natürlich werde ich mit Dir über diese lebenswichtigen Themen sprechen, aber ich brauche immer mehr die moralische und spirituelle Atmosphäre der Begegnungen: Das öffnet das Herz und dämpft gleichzeitig den Widerstand des Geistes. Oh, wenn dieser ruhig bleiben könnte! ... Ich habe viel in Einsamkeit gelebt, und natürlich waren diese Probleme immer bei mir. Ich kann sagen, dass mich das Unendliche zwanzig Jahre lang gequält hat: In letzter Zeit bin ich zu dem Schluss gekommen, dass man nichts wissen kann. Deshalb werde ich gerne ausführlich mit Ihnen sprechen.

Ein zweiter Korrespondent schrieb: „Ihr wunderbarer Glaube, Ihre einfache und kraftvolle Beredsamkeit haben mich so tief berührt, dass ich Ihnen nur danken kann. Ich danke Ihnen als Künstler, als aufrichtiger Bewunderer schöner Werke, großartiger Charaktere; ich danke Ihnen als ..." Mann blasiert, skeptisch , benommen und abgestumpft. Als Kind habe ich Jesus angebetet, und jetzt, nachdem ich viel nachgedacht und unendliche Schmerzen erlitten habe, die Sie nicht verstehen können, habe ich dem Glauben und auch der Hoffnung Adieu gesagt! Ich bin einer von denen geworden Sie nennen Skeptiker. Ach! Sagen Sie nicht „schrecklicher" Skeptiker, sondern unglücklicher, bemitleidenswerter, unglücklicher Skeptiker. Sie sind, Madame, ein großes, schönes, großzügiges Herz, und wenn ernsthafte gute Wünsche jemals etwas wert waren, habe ich sie geschätzt für dich, deine Arbeit und diejenigen, die an deiner Seite kämpfen. Du wirst mir glauben, einem Ungläubigen, der dich beneidet, bewundert und im Idealfall liebt."

Ein Drittel ihrer Zuhörer schrieb lapidar: „Zwei Ihrer Treffen haben ausgereicht, um die ungläubigen Überzeugungen von zwanzig Jahren zu zerstören."

Ein vierter sagte, nachdem er seinen Respekt und sein Selbstvertrauen bezeugt hatte: „Deine Seele sehnt sich nach Bekehrung. Du möchtest, dass ich hinzufüge: Ich bin bekehrt. Ich kann nicht sagen, dass ich es bin. Aber du hast einen unglaublichen Eindruck auf mich gemacht." und du hast mich dazu gebracht, den Christus zu lieben, den ich nie geliebt habe. Offensichtlich konnte er sich dort nicht ausruhen und schickte bald darauf einen zweiten Brief, in dem er voller Dankbarkeit beschrieb, wie er eines Nachts im Gebet und in quälenden geistigen Auseinandersetzungen eine Manifestation des Heiligen Geistes empfangen hatte, die seine Zweifel endgültig zerstreut und ihn zum Gläubigen gemacht hatte in Gott.

Der doppelte Zweck der Conférences bestand darin, die Gefühle und Geschmäcker, die Etikette und die Konventionalität der Menschen auf der

Welt zu erobern und den Glauben der Ungläubigen zu wecken. Eines Tages drückte ein sehr böser Mann dem Marschall einige Banknoten in die Hand und sagte dabei:

"Ich glaube an nichts."

„Du glaubst an nichts und gibst mir doch diese Banknoten!"

Er antwortete: „Ich glaube an dich und wünschte, du hättest in jeder Stadt, jedem Weiler und jedem Dorf meines Landes eine Halle."

„Ziehen Sie Ihre Uhr heraus", sagte sie. „Ich glaube an Ihre Uhr, ich glaube, dass sie die Zeit anzeigt, aber ich glaube nicht an ihren Hersteller! ... Ich bin von Natur aus ein ebenso großer Liebhaber von Bequemlichkeit und Komfort wie Sie. Die treibende Kraft – la *force motrice* – Die Liebe meines Lebens, die Quelle, auf der sich alles dreht, ist die Liebe Christi. Du glaubst an mich, glaubst an Ihn, der mich zu dem gemacht hat, was ich bin."

Der dritte Neuanfang der Maréchale war vielleicht der wichtigste von allen – die Gründung einer École Militaire oder Schule für Kadetten, ähnlich der Militärschule in Clapton, der ihre Schwester Emma damals vorstand. Als Catherine zum ersten Mal nach Frankreich ging, sagte ein sehr bekannter protestantischer Pfarrer zu ihr: „Du wirst niemals drei Französinnen dazu bringen, in Frieden zusammenzuleben." Aber im Ausbildungsheim, Avenue Lumière 3, in der Villette, wo die Marschallin das ganze Jahr über mit ihren Offizieren lebte, lebten bis zu vierzig oder fünfzig junge Frauen – unter ihnen befanden sich einstmals die Töchter einer Prinzessin Seite an Seite mit den Spülmädchen – und die Harmonie, die Liebe, der Geist des „Kümmere dich nicht um mich", der vorherrschte, war eines der Wunder der Arbeit in Frankreich.

Für die Ausbildung einer Kompanie nach der anderen junger Kadetten – Franzosen, Schweizer, Engländer, Belgier, Deutsche, Italiener und Russen – widmete die Marschallin einen großen Teil ihrer Zeit und Kraft, wobei sie sich stets an der Ausbildung der Zwölf durch unseren Herrn orientierte. Alle gehorchten ihr freudig und ohne Fragen. Sie erkannte intuitiv, dass das Höchste im Training nicht Disziplin ist, sondern etwas, dem Disziplin folgt, wie das Licht der Sonne folgt. Dieses Etwas ist der Geist, die Atmosphäre, in die Männer und Frauen hineingebracht werden und die sie verwandelt. In der École Militaire war es die Selbstlosigkeit der Menschen, denen es egal war, was aus ihnen wurde. Wo dieser Geist von jemandem Besitz ergreift, ist es nicht nötig, zu ihm zu sagen: „Du sollst dies oder das tun." Das Gesetz des Lebensgeistes macht ihn bedingungslos gehorsam.

Der Geist der Führung der Maréchale kommt in gewisser Weise in Garibaldis Aufruf zu den Waffen zum Ausdruck, den sie oft zitiert. Seine Anhänger verstanden seine Motive, erkannten seine Desinteresse und erkannten, dass

Belohnungen und Ehren für den Mann, der die Freiheit Italiens anstrebte, nichts bedeuteten. Deshalb liebten sie ihn so sehr, dass sie für ihn gestorben wären. Es gab keinen nennenswerten Unterschied zwischen dem Stab und dem Feld, und dennoch herrschte Disziplin, Gehorsam und Hingabe, wie sie die Welt kaum jemals erreicht hat .

Das war der Geist, den der Maréchale der École Militaire vermitteln wollte . Alles andere – wie man die Bibel studiert, wie man Versammlungen leitet, wie man die Stimme benutzt, wie man mit Seelen umgeht – wurde von ihr dem einzig Notwendigen untergeordnet – dem Geist der Opferbereitschaft. „Manchmal wird uns gesagt", schrieb sie einmal, „dass unsere Uniformen, unsere jungen Frauen, die in der Öffentlichkeit sprechen, unsere Tamburine und unsere Prozessionen Verachtung für die Religion hervorrufen. Das ist ein Fehler. Das, was die Welt zum Gespött macht." Die Hölle ist eine Religion ohne Opfer. Menschen werden niemals an Christen glauben, die zwar behaupten, Jünger dessen zu sein, der keinen Ort hatte, an den er sein Haupt legen konnte, aber im Luxus leben und zuerst den Trost ihrer Familie, die Gesundheit und die Stellung ihrer Kinder suchen , und lassen Sie ihre Seelen zugrunde gehen, weil ihnen das Evangelium fehlt, an das sie zu glauben behaupten. *Darin* liegt das Geheimnis des Unglaubens Frankreichs; das ist es, was die Jugend, die auf der Suche nach der Wahrheit ist, dazu bringt, „Komödie!" zu rufen. Auf der anderen Seite jene Gesichter, die das Licht aus der Höhe ausstrahlen, jene jungen Menschen, die sich erheben, um sich Gott statt der Welt hinzugeben, jene Männer und Frauen, die mit einer Aufrichtigkeit, die keinen Raum für Zweifel lässt, erklären, dass sie es sind ihr Leben Gott für die Rettung der Seelen zu weihen, sind beredter als die schönsten Reden."

Marschallin auf ihrem Podium umringten, machten zweifellos einen großen Teil ihrer Macht aus. Renée Gange , die Sozialistin, schrieb eine schöne Würdigung über sie und ihre Kameraden, in der sie gesteht, dass das, was sie an diesen jungen Mädchen, sowohl hübsch als auch schlicht, bemerkenswert findet, das völlige Fehlen des gewöhnlichen weiblichen Ausdrucks ist ... Als wir mit forschendem, prüfendem Blick auf die Gesichter blickten, die von dieser hässlichen Haube umhüllt waren, konnten wir nicht die geringste Spur dieses Ausdrucks entschlüsseln, weder Schüchternheit noch Unbeholfenheit noch Unruhe, noch das Bewusstsein, dass die Menschen an sie denken. Nichts. Diese Gesichter sind die freien Gesichter freier Geschöpfe."

Marschallin einen großen Segen erhalten hatte Conférences sagte zu ihr im großen Saal in der Rue Auber: „Was Ihnen hier fehlt, sind Bilder, zum Beispiel die Heiligen. Diese schönen Gesichter mit ihren süßen himmlischen Ausdrücken verbreiten ein Gefühl der Ehrfurcht und Ruhe, und sie würden sich formen." So ein wunderschöner Hintergrund für dich. Du solltest die

Jungfrau und den Heiligen Franziskus und viele andere haben. Das ist es, was dir in all deinen Hallen fehlt: Könnten wir nicht etwas tun?"

„Baron", sagte der Marschall , „kommen Sie nächsten Sonntagabend hierher?"

„Ja, auf jeden Fall. Wirst du sprechen?" Er verpasste nie die Chance, sie zu hören.

„Ja, stellen Sie sicher, dass Sie es nicht verpassen."

Am nächsten Sonntagabend stellte sie ihre kleine Gruppe von Offizieren zusammen. Sie reichte sie ein, Männer auf der einen Seite, Frauen auf der anderen. Sie stand mitten unter ihnen und sprach. Am Ende der Sitzung trat der Baron vor.

„ Maréchale ", sagte er, „Sie brauchen keine Bilder. Diese Figuren! Diese Gesichter! *Das* sind Ihre Bilder."

Ihr Freund Frank Crossley war von diesem Vorfall sehr betroffen. Er schrieb: „Ich war besonders an der Bemerkung über inspirierte Gesichter interessiert. Ich hörte einmal Rendel Harris von den Bibelkritikern sagen, dass sie den Band zwar in Stücke reißen würden, aber niemals das Licht Gottes von den Gesichtern seines Volkes abwischen könnten." ."

Eine der Kadetten der École Militaire war Constance Monod, Tochter des großen protestantischen Predigers, dessen Hymne „Oh, die bittere Schande und der Kummer" überall bekannt ist. Nachdem sie durch die Teilnahme an den Treffen des Marschalls Erlösung und reiche spirituelle Segnungen erhalten hatte , wurde sie eine ihrer ergebensten Offiziere und wärmsten Freundinnen. Eines Tages wurde sie beauftragt, vor einer sehr rauen Zuhörerschaft aus unzüchtigen, niederen Männern zu sprechen, und einer der rauesten und unzüchtigsten von ihnen sagte mit Tränen in den Augen:

„Oh, was für eine außergewöhnliche Reinheit in diesem Gesicht!"

Das war der Ausdruck, der so vielen Kadetten ihre Macht in den Cafés und in den Slums verlieh. Viel mehr als das, was sie sagten, war es das, was sie waren, das die Arbeit leistete.

Unter den neuen Kadetten herrschte immer eine große Herzensprüfung. Waren sie sich ihrer Berufung sicher? Hatten sie ein angemessenes Gespür für die Ernsthaftigkeit, die Heiligkeit, die Verantwortung und die Gelegenheit der Berufung, für Gott zu arbeiten und zu kämpfen? Wenn sie dort nicht richtig waren, war alles falsch. Aber wenn sie wirklich die Welt verlassen hatten und GOTT kennengelernt hatten, offenbarte Er sich ihnen, und es war wunderbar , wie schnell sie in dieser Herzenserkenntnis wuchsen, die immer so viel tiefer ist als die Kopferkenntnis.

Wann immer Probleme und Schwierigkeiten auftraten, bestand die Methode des Maréchale nicht darin, ihnen auszuweichen, sondern die Dinge an der Wurzel zu packen. Eine Einladung, „zu kommen und eine Tasse Tee zu trinken", führte zu ernsthaften Gesprächen und Gebeten, wodurch sie so manches Übel im Keim erstickte. An diese „Kontaktanzeigen", wie solche Interviews genannt wurden, erinnerte man sich bis heute mit Dankbarkeit.

Die Eroberung des Selbst, der Triumph des Geistes der Liebe, wurde sowohl im Kleinen als auch im Großen veranschaulicht. Eines Tages weigerte sich ein Franzose, François, einem anderen Kadetten, einem Deutschen, die Stiefel zu putzen.

„Ich putze einem Deutschen die Stiefel? Niemals! Niemals!" Der Marschall sagte ruhig:

„Die Stiefel werden gereinigt."

„Niemals bei mir!"

"Von dir."

„Na ja, nicht jetzt, lass sie warten!"

Der ganze Tag verging und die Stiefel wurden nicht gereinigt. Der Marschall wusste, was François innerlich litt, und brachte ihn am Abend allein.

„Jesus ist für die Deutschen gestorben", sagte sie.

Seine Lippen blieben fest zusammengepresst. Er hat gelitten, und sie hat mit ihm gelitten. Nach einem Moment des Schweigens brach er in einen Strom aus.

„Wir haben zu viel ertragen! Denken Sie an die Belagerung von Paris. Dieses Biest von Bismarck! Oh! Unser Land hat gelitten. Die Stiefel eines Deutschen putzen? Niemals!"

Er schwärmte. Der Marschall schwieg und lauschte eine Weile. Dann sagte sie:

„Das mag alles wahr sein; aber Sie werden einen größeren Sieg über die Deutschen erringen, als die Deutschen jemals über Sie errungen haben. Der Triumph, den sie über Frankreich hatten, war im Vergleich dazu ein Flohbiss."

Sie fand sein Ohr und sprach mit ihm über die höchsten Dinge. Der Sieg, den Jesus auf Golgatha über Pilatus, die Priester und Judas errang, muss der Sieg von François sein.

„Gehen Sie zu Ihrem Beruf zurück, es sei denn, Sie können diesen Sieg erringen. Das macht François zum Apostel und nichts anderes. Diese Stiefel sind nur ein Detail, aber sie haben etwas in Ihnen ans Licht gebracht, das den großen Sieg behindert."

Und so redeten sie. Sie würde ihn nicht zwingen. Am nächsten Morgen hielt sie einen Vortrag, nach dessen Ende er in ihr Zimmer kam und sich setzte. Es herrschte einen Moment Stille, dann brach er zusammen, fiel zusammen und schluchzte wie ein Kind.

„ Maréchale ", sagte er, „ich werde die Stiefel putzen!"

Eine solche Ausbildung innerhalb der École machte die Kadetten für jeden Konflikt außerhalb bereit, und der Triumph des Geistes der Liebe war in manchen Fällen eine Vorbereitung auf den Tod. Der erste Kadett der Maréchale, der die Märtyrerkrone gewann, war Louis Jeanmonod .

Er war ein junger Schweizer, fein gebaut, fast eins achtzig groß und einundzwanzig Jahre alt; ein wahrer Soldat, hingebungsvoll, mutig, sanftherzig. Seine Trainingsmonate waren fast vorbei und in den letzten drei Wochen hat er sich wunderbar entwickelt. Er besuchte die Cafés mit großem Erfolg, sang und sprach und hielt seine Zuhörer in atemlosem Schweigen. Er hatte große Macht darin, Menschen zu verurteilen, und oft wurden seine Gegner zu seinen Freunden und baten ihn, weiterhin mit ihnen zu sprechen.

In einer Januarnacht im Jahr 1885 bewachte er die Tür der Halle am Quai de Valmey , als einer der Raufbolde kopfüber auf ihn zustürmte und ihm einen heftigen Schlag in den Bauch versetzte. Louis gelang es, die Tür zu schließen, und am nächsten Tag setzte er tapfer seine Arbeit fort und verkaufte am Abend sogar das *En Avant , bis die Schmerzen sehr stark wurden.* Der Arzt stellte fest, dass sich bereits eine Menge Blut in seiner Lunge gebildet hatte, und verkündete kurz darauf, dass sein Fall über alle menschlichen Fähigkeiten hinausginge.

Louis war eine Zeit lang im Delirium, aber er hatte sich in seinem früheren Leben noch nie zum Narren gehalten, und er sagte kein Wort, das seine Mutter nicht gerne gehört hätte. Er schien immer einen Wahlkampf zu starten. Waren die Kappen, die Tüten und alles andere bereit? Oh! Was für herrliche Zeiten würden kommen!

Als das Delirium vorüber war und sein Geist sich beruhigte, erstrahlte sein blasses Gesicht in einem seltsamen Licht. Sobald der Marschall an sein Bett trat, salutierte er und sagte:

„Amen, Marschall , Amen!"

Was dachte er über den Schurken, der ihm den tödlichen Schlag versetzt hatte? Er hatte nur einen einzigen Gedanken: „Eines Tages wird er gerettet." Ermittler kamen, um die Beschreibung des Angreifers durch den sterbenden

Mann entgegenzunehmen. Eine entsprechende Nachricht von ihnen wurde an Louis übermittelt, der sie mit einem einzigen Wort beantwortete:

„*Jamais!*" (Niemals!)

Marschallin den Schuldigen , damit sie ihn kennenlerne und für ihn bete.

Als das Ende nahte, suchte er ihre Hand und sagte:

„Oh, ich liebe es so sehr, deine Finger zu halten."

„Jesus wird deine Hände nehmen, Louis, und dich in den Hafen führen."

„Ich werde mich von Ihm leiten lassen."

Der Marschall betete, und mit dem Geist des heiligen Stephanus in seiner Brust und den Worten „Es ist zu schön!" Auf seinen Lippen ging es darum, bei Christus zu sein. Belleville und die Villette waren durch die Beerdigung eines Märtyrers zutiefst erschüttert, und am Grab sprach Théodore Monod Worte, die die Herzen aller berührten.

Die junge Maréchale , die ihre Männer und Frauen dieser Art um sich scharte – ein williges Volk am Tag der Macht des Herrn, zu allem bereit, treu bis zum Tod – besaß offensichtlich hohe Führungsqualitäten, und schon bald war der Geist der École Militaire vorhanden in jeder Station der Armee in ganz Frankreich und der Schweiz zu finden. Bei einem der großen Treffen des Generals in Schottland sagte Professor Henry Drummond, dass er, nachdem er den ganzen Süden Europas bereist, viele Kathedralen besucht und berühmte Redner gehört hatte, in Marseille gelandet sei und dort mehr von der Gegenwart und Macht Christi gespürt habe den Treffpunkt der Heilsarmee dieser Stadt, als er auf all seinen Wanderungen erlebt hatte. Der General wiederholte dies gegenüber der Marschallin , und sie stellte fest, dass das Treffen, das den Professor so tief beeindruckt hatte, von einem jungen Offizier, Mlle. geleitet worden war. Dormois , der kürzlich die Pariser Ausbildungsschule verlassen hatte.

Dass die Autoritäten zu Hause Gott für die Arbeit des Maréchale lobten , braucht kaum erwähnt zu werden. Die Wertschätzung ihres Vaters kam in jedem Brief zum Ausdruck. Hier sind kurze Auszüge aus drei davon.

„Mein liebes Mädchen, mein sehr kostbares Mädchen, ich weiß, dass du hinter meinem Herzen her bist. Ich vertraue grenzenlos auf dein Urteilsvermögen und deine Entschlüsse. Hab keine Angst vor irgendetwas und niemandem . "

„Du bist eine wahre Heldin, tatsächlich eine Jeanne d'Arc."

„Auf Ihnen muss eine furchtbare Belastung lasten. Dennoch besteht ein großer Teil Ihrer Aufgabe darin, sich ruhig zu halten und sich keine Sorgen zu machen. Unter Beschuss kühl und standhaft zu bleiben, ist die Qualität der allerbesten Soldaten. Ich fürchte, ich habe mich nicht hervorgetan." in diese Richtung, und es ist ein sehr schwieriges Eigentum in unserer Familie, wenn man bedenkt, wie voller Mitgefühl und Gefühl unsere Herzen und unser Leben sind, aber Gott kann viel für uns tun."

Jeder Brief ihres ältesten Bruders Bramwell, der der Stabschef war, war ein „Gut gemacht!" von über dem Meer. Im Jahr 1885 – dem Jahr seines und Steads heldenhaften Kreuzzugs gegen das Laster – schrieb er: „Ich werde mit jedem Tag immer unzufriedener mit menschlichen Dingen. Die Welt ist völlig verrückt geworden. Wenn sie nur schlecht und nicht verrückt wäre, könnten wir es." Ich werde es reparieren, aber da ich beides bin, bekomme ich immer weniger Hoffnung statt mehr! Wir werden jetzt mehr auf Qualität achten. Wenn wir *bessere* Leute bekommen könnten, sollten wir sicherlich schneller vorankommen. Ich bin fest davon überzeugt, dass Sie uns auf dem Kontinent in dieser Richtung voraus sind ."

Im folgenden Jahr schrieb er: „Glauben Sie nicht, dass Sie mir jemals weniger lieb sein werden als bisher. Das können Sie nicht sein. Ich liebe und bewundere Sie, und wenn Sie morgen mein General wären, würde ich Ihnen bis zuletzt folgen." keuchen und stecken bleiben, solange noch ein Glied von mir übrig war.

Kapitel VII

DIE BERUFUNG DER FRAU

„Es kann weder Juden noch Griechen geben; es kann weder Knecht noch Freie geben; es kann keinen Mann und keine Frau geben; denn ihr seid alle eins in Christus Jesus." Nach vielen Jahrhunderten beginnt dieser große apostolische Ausspruch seine Bedeutung und seinen Segen zu verlieren. Die Mutter der Armee war eine der ersten, die die Freiheit der Frau vertrat, und ihre Töchter traten in ein heiliges Erbe ein. Nachdem die Marschallin mit vierzehn Jahren zu einer öffentlichen Rednerin geworden war und gesehen hatte, wie die Arbeit des Glaubens mit zahllosen Zeichen belohnt wurde, konnte sie nie eine heimliche Angst hegen , dass ihr Dienst den Geist Gottes betrüben könnte. Es war jedoch unmöglich, dass sie jahrelang arbeiten konnte, ohne auf viele zu treffen, die starke Vorurteile hatten. Die Jünger unseres Herrn „ wunderten sich , dass er mit einer Frau sprach ", und es gibt immer noch Jünger, die sich wundern, wenn eine Frau für ihn spricht.

Im Sommer ihres dritten Jahres in Frankreich griff die Maréchale die Altstadt von Nîmes im überwiegend protestantischen Gard an – der erste einer Reihe von Feldzügen, die mehreren Provinzen Frankreichs Segen bringen sollten. Bei ihrer Ankunft erfuhr sie, dass M. Peyron , ein angesehener Richter, der von ihrer vorherigen Anhörung großen Nutzen gezogen hatte, ein vorläufiges Treffen der etwa 120 Orthodoxen von Nîmes – Pfarrer und ihre Frauen sowie andere protestantische Arbeiter – arrangiert hatte. Er war bestrebt, sie zu gewinnen, bevor ihr Feldzug begann, aber er hatte keine Ahnung, dass er für sie eine der königlichen Schlachten ihres Lebens vorbereitet hatte.

Als die Versammlung eröffnet wurde, kam die Lehre der Heiligkeit – Gottes Macht, seine Kinder vor der Sünde zu bewahren – zum ersten Mal zur Sprache und wurde von mehreren Pastoren heftig angegriffen, die sie mit Perfektionismus verwechselten. Ihre Bemerkungen erhielten lautstarken Applaus, und eine Dame schrie über alle anderen:

„Wer ohne Sünde ist, stehe auf und zeuge."

Mit großer Kühnheit flüsterte der Maréchale einem Kameraden, der neben ihr saß, „Steh auf, Bisson", was er auch tat, und bezeugte mit ein paar einfachen Worten zwar nicht seine eigene Vollkommenheit, aber die Macht Gottes, sowohl zu heiligen als auch zu bewahren rechtfertigen.

Nach einer kurzen Flaute wurde der Sturm heftiger denn je, und der Dienst der Frauen war nun die Ursache des Krieges. Die Marschallin verwies auf das Manifest ihrer Mutter zu diesem Thema.

„Wir haben es gelesen", sagte eine Dame, „und wir sind damit nicht einverstanden. Frauen sind für das Zuhause bestimmt. Ihnen wird geboten, in den Kirchen zu schweigen."

„Außerdem", rief ein anderer, „sind Sie nicht alt genug."

Der Marschall zitierte die Worte: „Niemand soll deine Jugend verachten."

„Aber das", entgegnete die Frau eines Pfarrers, „wurde einem Mann gesagt."

Daraufhin wurde das Stimmengewirr ohrenbetäubend.

„Hübsche und anziehende Mädchen", hörte man eine Matrone sagen, „sollten sich nicht in der Öffentlichkeit zeigen."

„Wenn Sie sprechen", sagte ein Pfarrer, der sich mit Unterscheidungen auskennt, „sollten Sie nur mit Frauen sprechen und nicht vor Männern."

Während des gesamten Sturms war die zentrale Figur ruhig und beherrscht. Aber sie dachte angestrengt nach. Die Idee einer Geschlechterunterscheidung war ihr als Rednerin nie in den Sinn gekommen; es war neu und fremd für sie. Als sie endlich wieder sprach, fasste sie das Ergebnis ihrer Überlegungen in einem einfachen, einprägsamen, unwiderlegbaren Diktum zusammen:

„Aber es gibt keinen Sex in der Seele."

Vielleicht hatte jemand das Gleiche schon einmal gesagt, aber es war nichtsdestoweniger originell von ihrer Seite. Dann erweiterte sie die Wahrheit:

„Die Bedürfnisse der Seele eines Mannes sind die gleichen wie die einer Frau und umgekehrt. Man steht nicht auf und sagt, dass in einer Versammlung so viele Männer und so viele Frauen sind. Sie alle brauchen Erlösung, Vergebung, Reinheit, Frieden, alle." Die Gaben und Gnaden des Geistes gelten gleichermaßen für Männer und Frauen. Natürlich", fuhr sie fort, „wenn eine Frau so leichtfertig und leichtsinnig ist, dass sie eine solche Unterscheidung trifft, beweist das sicherlich, dass sie keine Berufung zur Evangelistin hat." und ich sollte sie mit dem nächsten Zug nach Hause schicken.

Sie empfand die Atmosphäre im Raum als schrecklich. Religiöse Kontroversen, wie Religionskriege, erzeugen eine schrecklichere Stimmung als alle anderen Streitigkeiten. Anstatt die Diskussion in die Länge zu ziehen, sank die Marschallin auf die Knie und begann zu beten. Sie hatte durch Gebet viele Siege errungen, an die man sich noch nach vielen Jahren erinnerte. Als vierzehnjähriges Kind nahm sie an einem Treffen ihrer Mutter in Ryde auf der Isle of Wight teil. Sie saß weit hinten neben der Tür und lauschte, bis die Ansprache zu Ende war, und dann hörte sie, wie ihre Mutter fragte, ob ein

Bruder oder eine Schwester beten würde. Als niemand antwortete und die Stille zu bedrückend wurde, um sie zu ertragen, erhob sich Katie und schüttete ihr Herz in Tönen leidenschaftlicher Ernsthaftigkeit vor Gott aus und hoffte auf einen Sieg, bevor das Treffen endete. Als sie nach Hause kam, lag sie in den Armen ihrer Mutter und war mit Küssen bedeckt; und vierzig Jahre später, als sie selbst eine Mission in Ryde leitete, sagte ihr eine heilige Dame von zweiundneunzig Jahren, dass kein Gebet in ihrer Erinnerung so lebendig sei wie das Gebet dieses Kindes.

Es war ein solches Gebet – lang, intensiv, leidenschaftlich – das der Marschall unter den Orthodoxen von Nîmes betete . In dieser Nacht wurde die älteste Tochter von M. Peyron , ein schönes, weltgewandtes Mädchen, für Christus gewonnen. Um sieben Uhr am nächsten Morgen zwei Pfarrer, MM. Challand und Babut weckten zusammen mit M. Peyron die Marschallin . Sie waren gekommen, um für sich und andere zu sagen, wie sehr sie die Szene der vergangenen Nacht bedauerten, und um Vergebung zu bitten.

Am Sonntagmorgen begann der eigentliche Feldzug im Alcasar , der voll war, und die Frauen mehrerer Pfarrer waren unter denen, die weinend zur Bußform kamen. Albin Peyron junior, der heutige Anführer der Armee in der Schweiz, begann sein neues Leben bei einer „Nacht mit Jesus", die im Anschluss an dieses Treffen stattfand. In seiner Jugend war er der Gründer von *La Petite Armée* , die viel Gutes für die Kinder von Nîmes und anderen Städten Südfrankreichs leistete.

Während sich die Marschallin immer in Menschenmengen zu Hause fühlte, liebte sie, wenn möglich, ruhige Interviews mit Einzelpersonen noch mehr. In vielen dieser Vorträge ging es um den Sieg des Glaubens. Während eines ihrer *Tournées* dirigierte sie Treffen in einem Theater in Cannes. An einem schönen Septemberabend ging sie in Richtung Meer und bewunderte den Sonnenuntergang. Sie war erschöpft von der Arbeit am Sonntagmorgen und suchte nach etwas Ruhe. Sie beobachtete einen Priester, der langsam auf den Hügel zuging, auf dem eine kleine katholische Kirche stand. Sein Aussehen beeindruckte sie; er sah gleichzeitig so vornehm und so traurig aus. Eine innere Stimme sagte zu ihr: „Sprich mit diesem Priester." „Das kann ich nicht", sagte sie, „er würde mich für verrückt halten." Aber die Stimme sagte die gleichen Worte ein zweites Mal, und dann gehorchte sie sofort. Sie eilte auf den Priester zu und sagte:

„Guten Abend, *Mann père* . Ich nehme an, Sie gehen zur Kirche auf dem Hügel. Darf ich Sie begleiten, denn ich möchte mit Ihnen über spirituelle Themen sprechen?"

Er entblößte seinen Kopf, verneigte sich voller Respekt und antwortete: „Gewiß, Madame."

Sie gingen eine Weile schweigend weiter. Dann sagte sie:

„Was muss ich tun, um gerettet zu werden, mein Vater?"

„Halte die zehn Gebote", antwortete er sofort.

„Aber der reiche junge Mann, der zu Jesus kam, konnte mit der Hand auf dem Herzen sagen, dass er sie alle bewahrt hatte und dennoch keine Gewissheit über die Erlösung hatte. Er war in großer Not. Er sagte: ‚ Was muss ich tun, um gerettet zu werden?' ?""

„Oh, dann musst du die heilige Eucharistie sehr oft nehmen."

„Aber diejenigen, die es nehmen, mein Vater, werden sie von der Sünde gerettet? Sind sie nicht Opfer der Macht des Bösen, genau wie andere?"

„Oh! Ja, Madame, aber dann ist da noch der Beichtstuhl."

„Aber gilt nicht dasselbe für den Beichtstuhl, mein Vater? Sie müssen wissen, dass es in Frankreich Zehntausende gibt, die beichten, aber am nächsten Tag wieder fallen. Sie haben keine Ruhe gefunden. Ist Christus nicht bereit, uns zu retten, wenn?" wir sind bereit, gerettet zu werden?

„Leider! Madame, wir werden immer, immer, bis zum Ende unseres Lebens sündigen."

„Aber, mein Vater, wurden nicht der heilige Augustinus, der heilige Franziskus von Assisi, die heilige Katharina von Siena, Fénelon und viele andere von der Sklaverei der Sünde und des Selbst befreit? Sie haben etwas Bestimmtes erreicht – die Heiligkeit."

Er drehte sich vehement um und sagte mit erhobener Stimme:

„Ah! Madame, aber das waren außergewöhnliche Leben. Diese Menschen waren Heilige."

„Nein, mein Vater, es waren Männer und Frauen wie du und ich. Was Gott für den heiligen Augustinus oder die heilige Katharina von Siena getan hat, kann Er es nicht für mich tun, wenn ich bereit bin, die Bedingungen zu erfüllen, die Er stellt?" Was macht die Religion, was ist sie wert, wenn sie uns nicht von der Sünde befreien kann?"

Er hat nicht geantwortet. Er dachte schweigend nach.

Sie fuhr fort: „Ist Christus ein Erlöser , ja oder nein?"

„Oh, ja, ja, ja, das ist er!"

„Hat Er *dich gerettet* , mein Vater?"

Sie standen einen Moment lang still und er wandte sein Gesicht mit einem Ausdruck ergreifender Traurigkeit ab. Dann folgte ein Geständnis – einer der tiefsten und innigsten Schreie, die sie je gehört hatte – und endete mit den Worten: „Ach, leider! alle Tage meines Lebens sündige ich, und ich erwarte, bis zu meinem letzten Atemzug zu sündigen.“

Die Marschallin war zutiefst bewegt und hatte das Gefühl, auf heiligem Boden zu stehen. Endlich sprach sie :

„Dann ist Golgatha das größte Fiasko, das die Welt je gesehen hat.“

Er streckte seine Hand aus und sagte: „Oh, Madame, sagen Sie das nicht; es ist Gotteslästerung.“

„Aber, mein Vater, wir haben es mit Fakten zu tun, nicht mit Fantasien. Du hast verlassen, was die Menschen am meisten schätzen. Du bist deinem Licht gerecht geworden. Und was finde ich? Qual statt Ruhe, Konflikt statt Gewissheit, Knechtschaft.“ statt Erlösung. Gewiss, mein Vater, Jesus ist nicht gekommen, um unsere Lasten zu erhöhen, sondern um sie zu lindern. Du erinnerst dich an sein Wort: „Komm zu mir, und ich werde dir Ruhe geben.“ Er sagte: „Mein Joch ist sanft und meine Last ist leicht.“ Sollen diese Theorien auf der Kanzel gepredigt werden oder sind sie Realität?“

Inzwischen standen sie auf dem Gipfel des Hügels und sie sagte :

„Du wirst heute Abend predigen, *Mann père* ?"

"Ja."

„Möchten Sie, dass wir gemeinsam den Hügel hinuntergehen und unser Gespräch fortsetzen?“

„Es wäre mir eine große Freude, Madame.“

Er hielt eine der besten Predigten, die sie je gehört hatte, teilweise inspiriert, wie sie unwillkürlich dachte, durch ihre intimen Gespräche. Als die Gemeinde auszog, trat sie in einen Beichtstuhl, um auf ihn zu warten. Sie sah, wie er sich mit einem Gesichtsausdruck der Enttäuschung hin und her drehte, und als sie ausstieg, sagte sie zu ihm:

„Ich bin hier, *Mann père* .

Sie begannen gemeinsam den Hügel hinunterzusteigen. „Mein Vater“, sagte sie, „ich habe deine Predigt sehr genossen. Aber wie kannst du anderen den Weg der Befreiung zeigen, wenn du ihn selbst nicht gefunden hast? Wie kannst du dich lösen, wenn du nicht gelöst bist? Wie kannst du heilen, wenn du es bist.“ nicht geheilt? Wie, mein Vater? Siehst du nicht, dass das alles nur aus dem Kopf kommt, nicht aus dem Leben, dem Herzen?“

„Es ist wahr! Aber ich versuche es, oh mein Gott, ich versuche es!“

„Aber so kommt es nicht – durch unsere Kämpfe.“

"Wie dann?" rief er verzweifelt aus.

„Sagt Er nicht: ‚Bleibt in mir und bittet, was ihr wollt, und es wird euch geschehen‘? Bezeugt der heilige Paulus nicht: ‚Ich kann alles durch Christus tun, der mich gestärkt hat.‘ Wie viele haben Ihn gelobt, der „bis zum Äußersten retten kann" und „uns tadellos präsentieren kann"! Stellen Sie Ihn auf die Probe. Wenn jemand das Recht auf Erlösung hat, haben Sie es sicherlich.“

Sie blieben in der Stille des Abends unter einem Baum stehen, und während er mit gesenktem Kopf dastand, kniete sie neben ihm und betete.

KAPITEL VIII

Der Verzicht auf die Heimat

Anfang 1887 wurde die Marschallin die Frau von Herrn Arthur Sydney Clibborn , einem irischen Gentleman mit Quäker-Abstammung, der direkt von Barclay of Ury abstammte , dem Helden eines der schönsten Gedichte Whittiers. Er wuchs in Bessbrook auf, das als Musterstadt bezeichnet wurde, da es dort weder ein Wirtshaus noch eine Polizeikaserne noch ein Pfandhaus gab. Er verzichtete auf hervorragende Geschäftsaussichten und folgte einem Ruf, der ihm zunächst durch einen einfachen, ernsthaften Quäker zuteil wurde Pfarrer: „Sydney, willst du nicht mit uns kommen?" Der Besuch einiger Vertreter des Salutismus in Bessbrook lenkte seinen Gedankengang in eine neue Richtung und ließ ihn ausrufen: „Hier ist primitiver Quäkerismus, primitiver Wesleyanismus, primitives Christentum!" Da er einige Jahre in der Schweiz zur Schule gegangen war und Französisch und Deutsch beherrschte, wurde er von General Booth zur Unterstützung der Marschallin nach Frankreich geschickt und fungierte bis zu ihrer Heirat als ihr Stabschef.

Er war ein Mann von großem Mut und erhielt vom französischen Präsidenten eine Medaille für die Rettung von Leben vor dem Ertrinken. Als Diener Gottes hätte er, so kann man nicht umhin, einen großartigen Hugenotten oder Bündnispartner abgegeben. Sein heroisches Ideal war der verfolgte Quäker, dessen Blut in seinen Adern floss. In den frühen Konflikttagen der Heilsarmee war er der Mutigste der Tapferen. Er wurde auf den Straßen von Genf gesteinigt und mit Schlamm bedeckt. Er wurde von einem Pariser Mob verfolgt, der „Nieder mit Jesus Christus!" schrie. Sein Leben wurde mehrfach versucht und er wurde von den Nihilisten unter dem Siegel des Pariser Hauptquartiers zum Tode verurteilt; aber er tat nie alles, um dem Tod zu entgehen oder fleischliche Waffen zu benutzen.

Herr Booth- Clibborn wurde von Gott besonders eingesetzt, um die Schwierigkeiten derjenigen zu beseitigen, die von intellektuellen Zweifeln geplagt wurden, und um einer großen Zahl von Menschen, die sich in geistiger Dunkelheit befanden, die Augen zu öffnen.

Die Marschallin war nun gezwungen, das Ausbildungsheim zu verlassen, wo ihr ihre *vie apostolique* unter ihren geliebten Offizieren und Kadetten, deren Konflikte und Gefahren sie alle teilte, ihr oft wie ein Leben in einem irdischen Paradies vorgekommen war. Aber welche neuen Pflichten und Sorgen auch immer auf sie in ihrem kleinen Zuhause in der Rue d'Allemagne zukamen , sie ließ nie zu, dass sie ihrer Berufung im Wege standen. Im Laufe von vierzehn Jahren schenkte Gott ihr fünf Söhne und fünf Töchter, unter denen ihr das Leben unendlich lieb war, doch alle ihre öffentlichen

Aktivitäten wurden aufrechterhalten, während ihre Leidenschaft für die Seelen mit klarer und stetiger Flamme brannte.

Die Treue zu Christus erhielt nun ein neues Gesicht und die Bedingungen der Jüngerschaft wurden strenger. Ein großartiger Satz im Evangelium: „Wahrlich, ich sage euch: Es gibt keinen Menschen, der um meinetwillen Haus oder Brüder oder Schwestern oder Vater oder Mutter oder Frau oder Kinder oder Ländereien verlassen hat Evangelium, aber er wird jetzt in dieser Zeit hundertfach empfangen, Häuser und Brüder und Schwestern und Mütter und Kinder und Länder, mit Verfolgungen und in der kommenden Welt ewiges Leben" – brannte sich in die Seele der Marschallin ein, und daran zweifelte sie nie Sie erhielt ihr *Hundertfaches,* nur weil sie den Preis bezahlte.

Wenn sie in eine der Städte Frankreichs ging, um einen schwierigen Feldzug zu unternehmen, war es ihr unmöglich, ihre Pflicht zu erfüllen, wenn sie sich nicht mit ganzer Seele und ganzem Herzen auf die Arbeit konzentrierte. Da sie sich mit der Masse der Sünde auseinandersetzen musste, die in einem großen gemischten Publikum konzentriert war, wie sie es in diesen Städten zu tun hatte, und wissend, wie sie zu sagen pflegte, dass jeder Mensch ein Skelett im Schrank hatte, hatte sie das Gefühl, dass sie werden musste, sozusagen der Sündenbock, der die Sünden dieser Menschen tragen soll. In gewisser Weise musste sie in dieser Hinsicht wie Christus sein und daher mit ihm zusammenarbeiten und mit ihm leiden (Kol. 1 , 24). Sie muss hingehen und sich absondern, um zugunsten der Stadt die Hände zu Gott zu erheben. Sie muss zu jeder Beschäftigung, zu jeder irdischen Bindung sagen: „Steh da, während ich dorthin gehe, um zu beten." Sie muss sechs Wochen oder zwei oder drei Monate für diese Stadt und dieses Volk *leben* . Sie könnte eine bestimmte Art von Arbeit tun, ohne ihr *Leben zu geben* , aber es wäre nicht apostolischer Art. Um das Hundertfache zu erreichen, von dem Christus sprach, musste sie Vater und Mutter, Haus und Kind verlassen. Auf eine sehr reale Weise muss sie Opfer bringen und leiden. Sie hatte dies seit ihrer Kindheit gespürt und sah es jetzt deutlicher als je zuvor; Es gab immer einen Preis zu zahlen. Das Erfolgsgeheimnis in solchen Fällen war das Bewusstsein einer Berufung und zugleich einer leidenschaftlichen Liebe und der persönliche Umgang mit dem Christus von Golgatha.

DIE MARÉCHALE
(Aus einer Fotografie von Fred. Boissonnas , Paris, um 1880)

Wie schwer es der Marschallin fiel , dieses Kreuz anzunehmen, lässt sich an einer rührenden Szene erkennen, die von ihrer Sekretärin, Miss Gugelman , geschildert wurde, die heute eine der tapfersten Heilssoldaten Indiens ist.

„„Sucht zuerst das Reich Gottes.' Wie deutlich wurde dies, als sich die Marschallin eines Abends, kurz vor dem Ende ihrer monatlichen Treffen in Paris, zu später Stunde über die Feldbetten ihrer Kleinen beugte, um sich von ihnen zu verabschieden, bevor sie ihre dreimonatige Reise durch die Welt antrat Frankreich und die Schweiz. Evangeline, die Älteste, war wach geblieben, denn sie wusste, dass ihre Mama weggehen würde. Die kleinen Arme waren um den Hals der Kriegermutter geschlungen, als die kleine Evangeline ihr süßes, tränenüberströmtes Gesicht hob und stammelte: „ *Maman* , bleib bei mir oder nimm mich mit auf deine *Tournées* .' Die allzu menschlichen Tränen unserer Anführerin füllten ihre Augen; sie küsste die kleine Fleherin, wickelte sie dann in eine Decke und brachte sie ins Arbeitszimmer, um uns zu verabschieden. Es war für uns, die sie beobachteten, schmerzlich klar, dass sie ging Ihre Kleinen um des Krieges willen war ein schweres Kreuz für die Marschallin . Gott sei Dank schreckt sie nicht davor zurück. Ihre Gefühle unterdrückend, ging sie hinaus in die Kälte und Feuchtigkeit und begann ihre lange, nächtliche Reise.

Das war im Februar 1894, und später im selben Jahr hatte sie zwei der schönsten Feldzüge ihres Lebens – in Havre und Rouen. Der turbulente Beginn in Havre wurde von ihrer Freundin, der Prinzessin Malzoff , anschaulich beschrieben, die die Marschallin begleitete, um einen Eindruck von der *vie apostolique zu bekommen* . „In der ‚Lyre Havraise‘ herrschte großer Aufruhr .“ Der Marschall war gekommen, um das Wort der Liebe und des Heils zu verkünden. Eine riesige Menschenmenge drängte sich in den Saal, und wer hätte gewagt zu glauben, dass sie alle nur gekommen waren, um der Welt das skandalöseste, vulgärste und abscheulichste Spektakel zu bieten, das es gibt Man kann es sich vorstellen? Als die Marschallin mit großer Würde und Ruhe aufstand ... konnte sie sich kein Gehör verschaffen. Jedes Wort wurde unterbrochen; man konnte sehen, dass es ein vorbereiteter Schlag war. Man könnte sich vorstellen, in einer Anstalt zu sein. Aber sie ließ sich nicht entmutigen; sie beharrte; sie ging direkt mitten in die wütende Menge. Sie zähmte diese wilden Tiere nicht, aber sie ging trotzdem als Siegerin hervor. Groß, schön, ruhig, getragen von ihrer göttlichen Überzeugung und Mit der Kraft eines großen Herzens kam sie immer wieder zurück – unsere bewundernswerte Maréchale ! ... Inmitten dieses höllischen und lächerlichen Tumults empfanden einige *Eliteseelen* eine edle Begeisterung für diese junge Frau, die allein gegen einen feindlichen und feindlichen Feind kämpfte böse Menge. Sie kamen, um ihre Hand zu ergreifen, um ihre Bewunderung für sie und ihre Schande für diejenigen auszudrücken, die gegen die einfachsten Gesetze der Gastfreundschaft, Höflichkeit und Zivilisation verstoßen hatten . Gesegnet sei unsere Marschallin ; In ihr verkörperte sich in dieser Nacht die gesamte *Armée du Salut in ihrer Stärke, ihrem Glauben, ihrer beharrlichen Liebe.* “

Von allen Reportern wurden Ehrungen für „die Marschallin unter Beschuss“ erpresst. Nach zwei oder drei Treffen veränderte sich die Atmosphäre und das Blatt der Schlacht wendete sich, als aus Paris die Nachricht kam, dass Augustine, der kleine zweijährige Sohn des Marschalls , besorgniserregend krank sei. Dann kam es zu einem unbeschreiblichen mentalen Konflikt, der dazu führte, dass sie beschloss, noch mindestens eine Nacht zu bleiben und auf bessere Nachrichten am Morgen zu hoffen. Sie rief ihre Offiziere zum Gebet und sprach an diesem Abend mit einer Kraft und Zärtlichkeit, die die große Zuhörerschaft wie in einen Bann zog; Danach hatte sie Havre sechs Wochen lang in ihrer Hand.

Am nächsten Morgen erhielt sie ein beruhigendes Telegramm von zu Hause, und als sie allein am Strand saß, schrieb sie eine Hymne, die den Gedanken der *größeren Liebe perfekt zum Ausdruck bringt* – eine Hymne, die in Frankreich sowohl bei Katholiken als auch bei Protestanten großen Anklang gefunden hat. Es beginnt:

Qui quitte Familie und Erde

Pour mon Nom, pour suivre mes pas;

Qui quitte enfants, père du bloß ,

Reçoit le centuple ici -bas.

Havraise " von einer der jungen Kameradinnen des Marschalls , Frau, gesungen wurde . Jeanmonod , der eine wunderschöne Sopranstimme hatte, wurde mit einem Ausbruch mitfühlenden Applauses aufgenommen und musste immer wieder gesungen werden, bis das Publikum es wusste.

Dann gab es eine große Seelenernte zu ernten. Ein damals verfasster Brief lässt erahnen, mit welcher Intensität sich die Leiterin in die Arbeit stürzte.

„Treffen großartig! Nichts Vergleichbares mehr seit den Tagen von Genf und Nîmes , und in gewissem Sinne sogar noch besser, denn die Ungläubigen stürmen herbei, um mir zuzuhören. Perfekte Ordnung und Leute, die um Zutritt bitten. Bei diesen ersten Audienzen war das auch der Fall." Es ist riskant und erregbar, irgendjemandem außer mir das Wort zu erlauben. Sie applaudieren allem, wenn ich mit dem Sprechen fertig bin, und ich habe mich noch nie freier und unabhängiger von der Meinung der Menschen gefühlt. Ich bin durch das raue Element allein in meiner Schwäche stärker, so sehr stärker, je mehr ich mich auf sie werfe. Ja, ich bin erfüllt vom Leben und der Kraft Gottes für diese Stadt. Diese Stunde wird vielleicht nie wieder kommen. Meine Seele ist auf Hochtouren ... Wissen Sie, was das „Zehntel" bedeutet? ist für mich? Dass meine Kinder Apostel werden! Oh, ich verlange das von Gott, und weißt du, dass es eine Gewissheit in meinem Herzen gibt?"

Zusätzlich zu den nächtlichen Menschenmassen im Casino hielt die Marschallin Nachmittagstreffen nur für Frauen ab, bei denen sie über Themen wie „Die Rolle der Frau", „Die Mutter Jesu" und „Das weiße Gewand" sprach. Nichts beeindruckte Havre mehr als die Mitternachtsessen, die sie den *jungen Mädchen* der Stadt gab, von denen nicht wenige gezwungen waren, das Leben der Sünde aufzugeben. Und die reichen Bürger waren mit ihren Spenden so großzügig, dass die Marschallin am Ende des Wahlkampfs endlich eine ihrer liebsten Ideen verwirklichen konnte – die Gründung eines Rettungsheims in Paris.

Nach Havre hatte die Maréchale zu Hause eine kurze Atempause, und dann musste sie gegen Rouen antreten. Wieder fiel der Schatten des Kreuzes auf kleine Herzen und Leben. Victoire, die fast fünf Jahre alt war, flehte mit ausgestreckten Armen: „Geh nicht, Mutter! Bleib bei uns!" (*Ne pars pas, Maman ! Reste avec nous!*) Evangeline, die gerade sechs Jahre alt geworden war, hatte die Lektion der Trennung gelernt und warf ihre Arme um ihre Mutter und sagte: „ Maman , wenn du nach Rouen gehst, dann auch Seelen gerettet werden, die nicht gerettet würden, wenn du nicht gehen würdest?"

„Ja, höchstwahrscheinlich."

„Dann geh, Maman !"

Und Maman ging.

Während der gute Katholik von Rouen schockiert war, amüsierte sich der Mann auf der Straße über die Idee, Gott im *Théâtre Français* statt in der stattlichen Kathedrale anzubeten, und gemeinsam schafften sie es, die Sache unmöglich zu machen. Was, so fragten sie, könnte grotesker sein, als auf der Bühne zu predigen und Hymnen zu singen? Bei der Eröffnungssitzung fand die Marschallin selbst einigermaßen gute Anhörung, doch war ein feindseliges Element vorhanden, das das Publikum hin und wieder durch einen komischen Ausruf in Gelächter erschütterte; und als einer ihrer Kameraden versuchte, die Versammlung mit einem Gebet zu beenden, war die Niederlage beendet. Das Beten in einem Theater war die Grenze, und am nächsten Tag wurde der Marschall vom Bürgermeister darüber informiert , dass er die Öffentlichkeit beruhigen müsse, indem er diesen Vorgang einstellte.

Das große Kasino an der Ecke des Platzes, auf dem Jeanne d'Arc verbrannt wurde, wurde dann gesichert, und der Marschall begann, eine Reihe von Ansprachen über „Die Heilige Mutter Jesu", „Wunder des 19. Jahrhunderts", „Beichte, „Wiedergutmachung", „Die Heiligen", „Das Pater Noster ", „Mein Credo", „Der Altar". Die Menschenmengen, die den Saal bis zum Überlaufen füllten, waren erstaunt, als sie feststellten, dass diese Themen alle völlig unkirchlich und mit einer so ausschließlichen Anwendung auf das individuelle Herz und Leben behandelt wurden, dass der Priestertum sozusagen nicht mehr existierte, während der Sünder und Der Erlöser wurde offenbar und von Angesicht zu Angesicht gelassen. Die Menschen, die mit wachem Verstand kamen, gingen mit geschmolzenem Herzen und aufgewecktem Gewissen. Bald gab es eine große Zahl von Seelen, die spirituelle Hilfe suchten, und die Marschallin kündigte an, dass sie die Verurteilten und Ängstlichen in einem der Räume des Casinos treffen würde. Nicht weniger als vierhundert suchten private Interviews an diesem Ort, der so zu einem Beichtstuhl der einfachen, primitiven Ordnung wurde. Nicht durch die Absolution des Priesters, sondern durch den persönlichen Kontakt mit dem einen Hohepriester und Mittler wurde die Sünde vergeben und die Erlösung erlangt.

Es wurden so viele Katholiken konvertiert, dass der Leiter eines der Seminare es für notwendig hielt, gegen die *Armée du Salut zu predigen* . Ein einflussreicher

Abbé hingegen sagte: „Ich kann den Salutisten natürlich nicht zustimmen, aber ich bin absolut von ihrer Aufrichtigkeit überzeugt, und ich bin sicher, dass sie der Erlösung weitaus näher sind als die Mehrheit der Katholiken." Der *Pfarrer* der größten *Pfarrei* war eines Tages in seiner *Soutane anwesend* , spendete für die Mission und kaufte die Veröffentlichungen an der Tür. Als die Marschallin vor den alleinstehenden Frauen über die Heilige Mutter Gottes sprechen wollte, äußerten zwei Priester ihren Wunsch, anwesend zu sein, und sie ließ sie hinter einem Vorhang verstecken. Am Ende waren sie tief bewegt und versicherten ihr, sie hätten kein einziges Wort gehört, mit dem sie nicht aufrichtig einverstanden seien. Der tiefe spirituelle Eindruck, der auf die Stadt gemacht wurde, war so groß, dass eine Zeitung herausgegeben wurde, die nur Berichte über ihre Treffen und die Arbeiten im Casino enthielt.

Während all ihrer Jahre in Frankreich gab sich die Marschallin nie als Protestantin aus und griff den Katholizismus nie an. Glaubensbekenntnisse, Zeremonien, Bußen, Pilgerfahrten – diese Dinge waren für sie weder hier noch dort. Sie strebte immer nach dem Wirklichen und fand in Christus nicht nur wahre Göttlichkeit, sondern auch vollkommene Menschlichkeit. Ihre Predigt über die Jungfrau ließ Tausende von katholischen Herzen schmelzen, und ihre grundlegende Opferdoktrin löste bei den lateinischen Völkern immer wieder eine Reaktion aus. Sie war eine eifrige Studentin – soweit es das „apostolische Leben" zuließ – der Schriften von Katharina von Siena, Thomas à Kempis, Madame Guyon und Fénelon und behauptete, mit allen verwandt zu sein, die den Herrn Jesus Christus aufrichtig und wahrhaftig liebten.

Dadurch hatte sie große Macht sowohl über Katholiken als auch über Protestanten und Ungläubige. Einer ihrer ergebensten Offiziere, M. le Roux, hatte nach einer glänzenden Karriere als katholischer Student seine Vorbereitung auf das Priesteramt abgeschlossen und die Tonsur erhalten, als er unter ihren Einfluss geriet und feststellte, dass sich sein Leben völlig verändert hatte. Und der folgende Brief einer Professorin aus Rouen zeigt den Eindruck, der auf viele katholische Köpfe gemacht wurde.

„Liebe Maréchale , ich möchte das tun, was ich noch nicht gewagt habe, als ich Ihnen von Angesicht zu Angesicht gegenüberstand – nämlich die Freude zum Ausdruck zu bringen, die ich an Ihren bezaubernden Conférences gefunden habe . Sie haben mich so berührt und beunruhigt, dass haben ein solches Licht in mein Herz und meinen Verstand geworfen, dass ich mich frage, was in mir vorgeht. Ihre Ansprachen, so einfach und doch so erhaben, so passend zu Ihren Zuhörern, so aufeinander folgend, haben mich mehr beeinflusst als alle schönen Predigten von die Mönche. Sie haben mir klar gemacht, dass Gott etwas anderes von uns verlangt als äußerliche Praktiken und leere Zeremonien, und ich habe das Gefühl, dass Sie einen Glauben an mich erneuert haben, der fast verschwunden war. Sie haben mich dank Ihrer tiefen Überzeugungen und Überzeugungen schmecken lassen Die Wärme Ihrer Rede, eine der reinsten Freuden, die ich je erlebt habe ... Seien Sie tausendmal gesegnet, Maréchale , dass Sie meine Religion in ein neues Licht gerückt und diese Apathie abgeschüttelt haben, die mich zu allem unfähig machte großzügiger Impuls, der mich sensibler für die Leiden anderer gemacht hat. Sei gesegnet mit deinen Kindern, von denen ich hoffe, dass sie dich eines Tages edel für all deine Opfer belohnen werden. Sei gesegnet in der Menschheit, der großen Familie, für die du leben möchtest und die Gegenstand deiner Fürsorge ist."

Führt eine solche Wiederbelebung zu soliden und dauerhaften Ergebnissen? Lassen Sie einen von vielen Fällen als Beweis dafür anführen, dass dies der Fall ist. M. Matter war ein angesehener Ingenieur und Offizier der französischen Armee. Auszüge aus zwei seiner Briefe erzählen, was der Wahlkampf in Rouen für ihn bewirkt hat.

„Geliebte Maréchale , heute Abend vor drei Jahren betrat ein armer Mann scheinbar zufällig das Casino. Er war voller Kummer, war sich seiner Sünden sehr bewusst, dachte aber nicht im Traum daran, die *Armée du Salut zu bitten* – was seine Neugier nicht einmal erregte – um ihm zu helfen, und glaubte kaum noch an die Möglichkeit der Erlösung für ihn. Gott inspirierte dich; der Heilige Geist ließ deine Worte sogar unter den Brustpanzer der Sünde dringen, der mein armes Herz bedeckte. Zwei Tage nachdem ich zu einem neuen Leben geboren wurde. Von diesem Moment an hat Gott mich gestärkt, beschützt und geführt. Ich versuche, Ihn von ganzem Herzen zu lieben, und ich schätze eine tiefe und liebevolle Dankbarkeit Ihnen gegenüber."

Und sechs Jahre später: „Ich bin nachts durch die verlassenen Straßen zum Casino gepilgert, wo Gott mich gefunden hat und wo Sie sein Botschafter waren."

Dieser Herr ist heute in ganz Frankreich für seine Arbeit unter Kriminellen und Trunkenbolden bekannt und seine Dienste wurden von der französischen Regierung anerkannt . Er nimmt persönlichen Kontakt mit Hunderten von Sträflingen auf, um ihnen von der Liebe Gottes zu sprechen, und unten in der Ardèche hat er ein Heim für vierhundert kleine Waisen, meist Kinder von Kriminellen, die er die Enkel des Maréchale nennt, er er selbst war ihr geistiger Sohn.

Als sie ihn das letzte Mal in Paris besuchte, waren sie in ein eifriges und vertrauliches Gespräch vertieft, als er sagte: „Sehen Sie diese Elfenbeinpfeife? Ich habe den Tag meiner Bekehrung in Rouen darauf eingraviert; aber seitdem habe ich es nie mehr getan." Ich hatte Lust, es zu rauchen. Und sehen Sie diesen Stapel Briefe? Diese stammen von meinen

Jungs im Gefängnis. Lassen Sie mich Ihnen einen davon vorlesen. Dann las er die Worte eines Sträflings, der von Gefängnismauern sprach, die von der Herrlichkeit der Gegenwart Christi erleuchtet seien. Und er fügte hinzu: „Erinnerst du dich, dass du zu mir gesagt hast, als ich über mein vergangenes Leben verzweifelt war: ‚Diese Hände, die so viel Böses getan haben, werden Segen und Erlösung bringen, wohin ich niemals gehen kann.' Ihre Worte sind buchstäblich wahr geworden.

KAPITEL IX

DIE FREUNDSCHAFT CHRISTI

Eines Abends wurde eine kleine Karte auf den *Gästetisch* des Hôtel Meurice in der Rue de Rivoli gelegt, auf der den Gästen mitgeteilt wurde, dass der Marschall nach dem Abendessen bei einem informellen Treffen im Salon sprechen würde. Unter denen, die kamen, um sie zu sehen und zu hören, war eine kleine russische Dame mit tiefen, nachdenklichen haselnussbraunen Augen. Sie war die gefeierte Prinzessin Nancy (eigentlich Anastasia) Malzoff vom russischen Hof. Eine der Zarinnen starb in ihren Armen. Sie war eine Freundin von König Edward VII. und ihr brillanter Witz machte sie zu einer gern gesehenen Figur an jedem Hof Europas. Sie sprach acht Sprachen.

Sie war nun im Leben weit fortgeschritten und glaubte, alle wissenswerten Menschen gekannt und alles Sehenswerte auf der Welt gesehen zu haben. Aber dieser Abend war der Beginn eines neuen Lebens voller Frieden und Freude, wie sie es sich nie erträumt hatte. Von dem Moment an, als die Marschallin ihre Lippen öffnete, war sie zunächst von dem Sprecher und dann noch mehr von der Botschaft fasziniert. Am nächsten Morgen kam sie in ihrer Kutsche zur Villette. Dem Marschall ging es kaum noch gut genug, um sie zu empfangen, aber ein „Nein" ließ sie sich nicht gefallen. Als sie das Zimmer des Marschalls betrat , warf sie sich neben das Bett und rief: „Oh! Sag mir, wie hast du ihn kennengelernt?"

Dies war der Beginn einer siebenjährigen Freundschaft, und während dieser ganzen Zeit war sie nie außer Reichweite, ohne jeden zweiten Tag die Maréchale zu schreiben.

Die Prinzessin war Mitglied der orthodoxen griechischen Kirche. Ihre Mutter hatte sie mit sechzehn verheiratet, und mit achtundzwanzig hatte sie elf Kinder. Als sie feststellte, dass ihr Mann untreu geworden war, entließ sie ihn mit einem nachdrücklichen „ C'est ." fini !" und seit mehr als einem Vierteljahrhundert hatte sie ihn nie gesehen.

Die Marschallin hörte mit tiefem Mitgefühl der Geschichte ihres Lebens zu und sagte dann: „Sie müssen ihm vergeben, wenn Ihnen vergeben werden soll."

"Niemals!"

„Ja, wenn du Christus willst, vergib ihm. Egal, was er getan hat, du musst ihm vergeben."

Die Prinzessin konnte es nicht. Sechs Wochen lang tobte in ihrem Kopf ein Kampf. Sie fing an, zu den Treffen in der Rue Auber zu kommen, aber sie hatte keine Ruhe. Der Marschall eröffnete die Frage noch einmal.

„Kommen Sie jetzt, ich möchte, dass Sie ihm schreiben und ihn einladen, Sie in Ihrem Hotel zu treffen, mit ihm zu speisen und ihm zu vergeben."

Es kam zu einem schrecklichen inneren Streit, der die Prinzessin krank machte. Man kann sich kaum vorstellen, was das alles für sie bedeutete, und doch müssen Tausende dasselbe durchmachen.

Eines Tages rief der Marschall sie an und fand sie in einer Wolke aus Zigarettenrauch.

„Prinzessin, wie kannst du es wagen, so zu rauchen?"

„Nun, ich bin von tausend Teufeln umgeben, blau, schwarz und gelb. Du hast mich vernachlässigt."

Ein unaufhörlicher Konflikt tobte in ihrer Brust, und bevor sie sich an diesem Tag trennten, schrieb sie einen Brief und sagte, sie würde ihn abschicken.

Der Marschall rief erneut an und stellte fest, dass der Brief nicht abgeschickt worden war. Dann kam die Krise.

„Prinzessin, du bist verloren. Wenn du nicht vergibst, wird dein himmlischer Vater dir nicht vergeben."

"Ich kann nicht ich kann nicht."

Sie hatte seelische Qualen.

„Prinzessin", sagte der Marschall , „sind Sie perfekt? Nach dem Wenigen, das ich über Sie weiß, würde ich annehmen, dass Sie eine sehr schlechte Laune haben."

„Es ist wahr, es ist wahr."

„Deine Sünden waren nicht seine, aber sie sind Sünden vor Gott und haben anderen Leid zugefügt. Wenn du willst, dass Gott dir deine schlechte Laune verzeiht, musst du ihm vergeben."

Die Marschallin betete und forderte sie auf, zum Kreuz zu schauen und zu sehen, wie Christus vergab. Dann sagte sie ihr noch einmal, was sie tun sollte.

„Liebling, du sollst ihn in deine Gemächer einladen; du sollst ihm ein süßes kleines Abendessen bereiten und Blumen auf den Tisch legen, und wenn er kommt, sollst du ihn küssen."

"Aber ich kann nicht!"

„Ja, das wirst du; und denk dran, es gibt keine Vergebung, es sei denn, du küsst ihn. Vergebung bedeutet, zu küssen. Vergib ihm, und ich weiß, dass Frieden kommen wird."

„Sehr gut, das werde ich, das werde ich!"

Der Marschall verließ Paris zufällig für einige Zeit und sagte:

„Sie werden mir eine Überweisung schicken, wenn Sie es erledigt haben."

Die Prinzessin lud ihren Mann ein. Er machte eine lange Nachtreise. Sie küsste ihn und vergab ihm. Am nächsten Tag erhielt die Marschallin einen Draht, der sie vor Freude tanzen ließ. Es lautete: „ *Tout s'est passé comme. "vous l'avez dit , et la paix du Christ m'inonde : Malzoff* „(Alles ist geschehen, wie du gesagt hast, und der Friede Christi durchflutet meine Seele.)

Ihr Mann starb nach ein paar Monaten und ihre Dankbarkeit für das, was sie getan hatte, war zutiefst.

Die letzten Jahre ihres eigenen Lebens waren wunderschön. In einem Brief, den sie bezüglich der Gesundheit ihrer Freundin an General Booth schrieb, sagte sie: „Ich habe der Marschallin sehr viel zu verdanken . Sie hat mir einen Schatz geschenkt, der größer ist als alle Schätze dieser Welt – sie hat mir einen lebendigen Christus geschenkt." ; sie hat Ihn nicht in meine Nähe gebracht, sondern in mich, in meine Seele, und die Dankbarkeit, die ich für diesen Segen empfinde, ist groß." Ein Artikel aus ihrer Feder über die Arbeit der Armee in Paris enthält folgende Worte: „Der Salle Auber ist für mich jetzt ein heiliger Ort. Ich spüre dort die Gegenwart Christi – Christus, der für mich persönlich zu einem lebendigen Retter geworden ist , seit die Marschallin mich gebracht hat." zu Ihm und übergab mich Seinen göttlichen Armen.

Hunderte Briefe, von denen der letzte am Tag vor ihrem Tod in St. Petersburg geschrieben wurde, offenbaren eine äußerst leidenschaftliche Natur und beweisen, dass das Herz, das wirklich liebt, niemals alt wird. Wir übersetzen einige Auszüge.

„Ich werde alle meine moralischen Kräfte einsetzen, um Ihnen zu beweisen, dass unsere gegenseitige Zuneigung mich auf dem Weg der Heiligkeit vorangebracht hat, den Sie mir in den ersten Augenblicken, als ich Sie sprechen hörte, eröffnet haben. Gott hatte Mitleid mit mir und schickte Sie auf meinen Weg *via dolorosa,* um mir einen neuen Horizont, einen neuen Himmel zu eröffnen. Er hat mein Herz mit einer Intensität zu dir getragen, deren ich es mir nicht zugetraut hätte.

„Ich habe in dir zwei für mich gleichermaßen kostbare Wesen gefunden – das erste ist eine Freundin, die ich wie eine innig geliebte Tochter liebe; das zweite die Marschallin meiner Erlösung, deren Werk, Berufung und Kraft ich bewundere – jene moralische Kraft, die du nur in mir hast." Die ganze Welt übt auf mich aus. Wenn ich dich früher gekannt hätte, hättest du mich zu einem Heiligen gemacht."

„Keine Zuneigung auf der Welt, nicht einmal die meiner Kinder, kann deine für mich ersetzen. Was macht es schon, wenn mich alle lieben, wenn du es nicht tust?"

„Ich weiß, dass deine Abwesenheit mich leiden lässt, weil ich mein ‚Selbst', mein ‚*Moi*', noch nicht aufgegeben habe, aber ich kann nichts dagegen tun – es liegt außerhalb meiner Macht. Ich weiß auch, dass der Tag mein ‚Selbst' ist ' wird vertrieben werden – was zweifelhaft ist – ich werde niemanden lieben, denn um zu lieben, muss man ein Selbst sein, man muss sein *eigenes* Herz haben."

„Ich bezweifle, dass es andere gibt, die dir eine so tiefe, vollständige, lebendige, warme und leuchtende Zuneigung entgegenbringen. Nicht, dass du es nicht verdient hättest, aber alle Naturen sind nicht gleich, und du kennst meine Schuld. Ich kann nicht lieben." um die Hälfte."

„‚Liebe mit Bedacht', rät jemand . Das Wort ‚weise' tut mir weh. Ich möchte in meiner Liebe zu dir nicht weise sein. Ich bevorzuge es, wahnsinnig zu lieben, und das ist es, was ich tue, und du fühlst es, Don." nicht wahr? Weisheit zum Teufel, wenn es eine Frage des Herzens ist."

„Ich kann nicht glauben, dass er uns von allem loslösen muss, um uns an sich zu binden – das würde mich sehr traurig machen. Im Gegenteil, ich habe das Gefühl, dass es nur menschliche Liebe ist, uneigennützige Liebe, aber tief und lebendig, die uns das Göttliche verstehen lassen kann." Liebe. Nur durch menschliche Erfahrung können wir seine große, seine mächtige, seine ewige Liebe zu uns schätzen. Das ganze Leben Jesu ist erfüllt von dieser spürbaren Liebe zu seinen Geschöpfen, und deshalb ist er uns so nahe. Lass mich dich also ohne Distanz lieben, und je mehr ich dich liebe, desto mehr werde ich Ihn lieben."

Einer ihrer Briefe ist besonders interessant: „Ich werde in diesen Tagen den Kaiser sehen und die Kraft suchen, mit ihm zu sprechen. Du siehst, mein Liebling, Reden ist nicht genug, man muss in einem solchen Fall seine Seele ausschütten und." das Gefühl haben, dass eine überlegene Kraft einen führt und für einen spricht."

Es kam so, wie sie es sich erhofft hatte. Eines Nachts war sie im Palast in St. Petersburg. Nach dem Abendessen kam der Zar und setzte sich neben sie. Bald waren sie in ein vertrauliches Gespräch vertieft. Sie begann ihm zu erzählen, was ihre neue Freundin in Paris für sie getan hatte. Sie redete weise, während er aufmerksam zuhörte. Schließlich sagte er:

„Aber, Nancy, *du* warst immer gut, immer richtig."

„Nein", antwortete sie; „Bis jetzt habe ich den Christus noch nie gekannt. Sie hat ihn für mich real gemacht, ihn mir nahe gebracht, und er ist zu dem geworden, was er nie zuvor war – mein persönlicher Freund."

KAPITEL X

DIE BRENNENDE FRAGE

Es war der oft geäußerte Wunsch von Frau Josephine Butler, dass die Marschallin sich ihrem Kreuzzug gegen den berüchtigten Sklavenhandel anschließen könnte. In einem ihrer frühesten Briefe an ihre Freundin sagte sie: „Liebe Catherine, die böse Partei hat, wie Sie wissen, bei den Wahlen in der Schweiz gesiegt, und die Genfer Regierung hat dieses böse Gesetz verabschiedet, das unsere Freunde zu stoppen versuchten." .. Wie schön wäre es, wenn Sie und ich *gemeinsam in Genf aufstehen könnten* , ihre Bosheit anprangern und den Erlöser verkünden könnten . Das würde ich gerne tun." Später schrieb sie über ihre junge Freundin: „Oh, ich denke manchmal, wenn sie in der Arbeit unserer Föderation wäre, was für eine Ernte würde sie uns bringen, oder besser gesagt, für Gott!"

Der Marschall betrachtete den Wunsch dieser heiligen und ritterlichen Frau als eine Art heiliges Vertrauen. Ihr eigenes Herz war schon früh von den dunkleren Aspekten unserer modernen Zivilisation tief beunruhigt . Als sie und ihre beiden mutigen Kameradinnen, Florence Soper und Adelaide Cox, ihre erste Wohnung in Paris bezogen, waren sie schockiert, als sie erfuhren, dass sie als nächste Nachbarn – oben und unten, rechts und links – Familien hatten, die von niemandem geweiht waren Ehebindung; und im Laufe ihrer gewöhnlichen Arbeit wurden sie stündlich mit allen Teufeln des Lasters konfrontiert. Die grellen Tatsachen, von denen die meisten Christen, glücklich um ihren eigenen Seelenfrieden, kaum oder gar nichts wissen, haben sich in die Seelen dieser edlen Frauen eingebrannt, von denen jede sich einem *Outrance- Kampf* gegen diese schrecklichste Form des Bösen widmete. Und haben sie ihr Gelübde nicht treu gehalten? Gibt es lebende Engländerinnen, die so viel getan haben, um unsere unschuldigen Kinder zu beschützen und unsere gefallenen Schwestern großzuziehen, wie diese drei, die vor dreißig Jahren in der Villette von Paris zum ersten Mal gemeinsam schufteten, litten und beteten?

Als sie ihr Versprechen einlöste, spendete die Marschallin nicht nur Mitternachtsessen für die *Filles déchues* der großen Städte, in denen sie ihre Feldzüge durchführte, gründete nicht nur Rettungsheime in Paris, Nîmes , Lyon und Brüssel, sondern bemühte sich auch, das Problem der Reinheit zu lösen nationale Frage, die von jedem patriotischen Bürger staatsmännisch behandelt werden muss.

Zu diesem Thema sprach sie häufig bei großen Versammlungen der Männer von Paris und anderen Städten und richtete unwiderstehliche Appelle an Herz und Gewissen. Es war erstaunlich, wie sie das kritischste Publikum mit sich riss, auch wenn ab und zu ein empörter Zuhörer aufsprang und aus dem Saal oder Theater stürmte, in dem ihre Versammlung stattfand.

Moral der Franzosen getan werden könne , und ihr Glaube an die angeborene Ritterlichkeit des Volkes war vollkommen berechtigt. Der Respekt, mit dem ihr zugehört wurde, war nicht nur eine Hommage an die persönliche Anziehungskraft eines geweihten Lebens, sondern auch an das christliche Ideal der Keuschheit. Journalisten sagten ihr oft, dass jeder andere, egal ob Mann oder Frau, es gewagt hätte, auch nur die Hälfte der häuslichen Wahrheiten auszusprechen, die sie zum Ausdruck brachte, wäre aus der Stadt gejagt worden. Man kann es so erklären: Als sie sich für die heilige Sache der Weiblichkeit einsetzte, applaudierten die Männer zu ihrem eigenen Schmerz. „Meine Herren", rief sie aus, „ich bin keine Französin, aber ich liebe Ihre Nation. Ich habe Ihr Land zu meinem gemacht, und mir ist klar, was Frankreich sein könnte, wenn es nicht den Wurm gäbe, der an der Wurzel Ihres nationalen Lebens nagt. Er macht Mir schaudert es, wenn ich daran denke – es macht mich buchstäblich krank, wenn ich sehe –, wie viele tausend meiner und eurer Schwestern in eurer wunderschönen Stadt Lasterministerinnen sind. So viele, sagen mir eure Polizisten, unter zwanzig, so viele unter siebzehn, so viele unter fünfzehn, und es gibt sogar solche, von denen die Polizei weiß, dass sie keine Teenager sind. Meine Herren, sie sündigen nicht allein, denn wir sind alle *Solidaristen* . Sie sind wie Ihre eigenen Mädchen, Ihre Frauen, Ihre süßen kleinen Töchter. Sie Sie haben ein Herz, sie haben einen Verstand, sie sind intelligent, sie würden wunderbare Mütter abgeben, unsere Kameraden auf dem Weg des Lebens, die uns helfen und unsere Lasten teilen. Und leider, was haben Sie aus ihnen gemacht? Jede Nation, die sich *das* ansehen kann in seinen Städten Tag für Tag und Nacht für Nacht, ohne ein Wort, ohne einen Protest – die dieses großartige Gut sehen kann, eine Frau, die ihre Söhne und Töchter gebären sollte, geopfert und dem Laster, der Krankheit und dem frühen Tod verkauft, – das Die Nation befindet sich im Niedergang. Sagen Sie mir nicht, dass ein Mann, der diesen Namen verdient, angesichts dieser erstaunlichen Tatsachen schweigen kann. Ein solcher Mann ist kein Franzose.

„Mir wurde gesagt, dass die Dinge immer so waren und immer so sein werden. Ich höre überall, dass dieses Laster eine Notwendigkeit sei. Dass einige Frauen – die Töchter der Armen – geopfert werden sollten, gilt als unvermeidlich. Nun, meine Herren, wie Sie sagen, es dient dem öffentlichen Nutzen, folgen Sie Ihrer Argumentation bis zu ihrem eigenen logischen Schluss, seien Sie gerecht gegenüber diesen armen Geschöpfen; verachten Sie sie nicht, nennen Sie sie nicht verloren, gefallen, Prostituierte; seien Sie ehrlich und Erkennen Sie sie an; lassen Sie sie mindestens auf der gleichen Ebene stehen wie unsere Soldaten, die sich für ihr Land opfern. Schämen Sie sich nicht für sie, sondern ehren Sie sie für ihren Dienst an unseren Söhnen und unserer Nation.

„Aber Sie sagen: ‚Es ist nur *une fille* ‘, und einer Ihrer Senatoren hat öffentlich gesagt: ‚Wir sind zu einem guten Schluss gekommen, wenn *ein ehrlicher Mann sich kein une bonne Vermögen* kaufen kann .‘ Nur ein *Mädchen* ! Deine Mütter waren einst nur *Mädchen* , deine Frauen waren nur *Mädchen* , und was sind deine eigenen Töchter? Worin liegt der Unterschied?

„Ein ehrlicher *Mann* ! Ich bin keine Nonne; ich bin kein Menschenhasser, der durch die Welt schleicht. Ich verehre den Menschen. Er ist ein halber Gott. Schauen Sie sich seine Werke in allen Bereichen an – der König der Schöpfung, gegeben dieser wunderbare Befehl.“ zu unterwerfen und zu herrschen, wobei er alles unter seinen Füßen hat. Wenn er sich seiner Bestimmung stellt, ein Mitarbeiter Gottes wird und sein Leben und Beispiel – dieses wunderbare Wunder namens Einfluss – auf die Seite der Gerechtigkeit stellt, erhebt er sich zur Seite der Gerechtigkeit erhaben. Die Summe des Glücks, der reinen Freude und des Friedens, die ein guter Mann der kleinen Gruppe zu Hause und dann der Gemeinschaft, der Stadt, der Welt bringen kann, kann nicht geschätzt werden. Und die Summe des Elends, Der Fluch, die Plage, die ein Mann einer Frau, Kindern und jedem, den er berührt, zufügen kann – auch das kann man nicht abschätzen. Ein *ehrlicher Mann* ! Er macht nicht einmal dort Halt, wo die Kühe und Pferde es tun. Er geht a Tausend Meilen unter ihnen! Und doch ist das Ausleben der Leidenschaften ebenso wenig eine Notwendigkeit, wie das Trinken von Alkohol für ein einjähriges Kleinkind eine Notwendigkeit ist. Es ist die Gesellschaft, die diese bösen Wünsche weckt, und sie entfalten sich unter dem Einfluss einer verhängnisvollen Erziehung.

„Meine Herren, Sie sagen, dass eine böse Frau schlimmer ist als ein böser Mann. Haben Sie jemals darüber nachgedacht, dass das ihr angetane Unrecht viel tiefer liegt? Haben Sie erkannt , dass ihr Make-up tausendmal zarter und komplexer ist als Ihres, und Dass diese Sünde ihr dadurch die Arbeit erleichtert? Ihre Verzweiflung ist noch schlimmer und sie ist rücksichtslos. Du nimmst ihr die Hoffnung, jemals ein eigenes kleines Zuhause zu haben, jemals einen echten Ehemann zu haben, sich jemals Mutter nennen zu hören . Du hast das getan, bevor sie erkennen kann , was du getan hast. Sie wartet nicht, schätzt nicht. Die Erkenntnis kommt ihr später im Leben. Und wenn es so weit ist, ist es dann ein Wunder, dass sie zum Trinken fliegt und zu einer wird? Dämon? Würde ich nicht? Würdest du nicht?

„Sagen Sie gegen die Frau, was Sie wollen. Rechnen Sie mit den Sünden auf Ihrer und ihrer Seite. Dennoch ist Ihre Seite im Vergleich zu ihrer schwarz wie Tinte. Denken Sie an die großzügige, absolute, völlig blinde Art, wie sie liebt.

„Das Herz einer Frau strebt nach Liebe."

Wie Flüsse ins Meer fließen.'

„Du hast dein Leben, deine Arbeit, deine Vergnügungen; aber Liebe ist ihre ganze Existenz. Sie ist auf diese Weise geschaffen. Das macht deine Sünde, ein vertrauensvolles Herz zu täuschen, unendlich größer."

„Vielleicht gehen Sie hinterher und führen eine gute Ehe und sind stolz auf das süße Aussehen Ihrer bezaubernden Frau, aber kommt Ihnen nicht manchmal die Vision eines anderen, eines blassen Gesichtes, durch den Kopf? Und wenn Sie auf Ihr kleines Kinderbett schauen, nicht wahr? Sehen Sie ein anderes Babygesicht – ein weiteres kleines Leben, das Sie nie besessen haben, dessen Urheber Sie sind und das vor Gott gleichermaßen Ihnen gehört? Das Herz einer Frau wurde gebrochen, und es wird Vergeltung geben."

Während die Marschallin allein dastand und sich als Frau für die Sache der Frau einsetzte, war ihr Publikum aus gebildeten Franzosen manchmal so tief bewegt und überzeugt, dass sie unter der Macht der Emotionen schwankten und schluchzten; und als sie am Ende aufstanden, um eine Hymne zu singen, die sie als junges Mädchen geschrieben hatte – eine Hymne, die in viele Sprachen übersetzt wurde –

Ote zu uns mes péchés !

Ote zu uns mes péchés !

Agneau de Dieu, ich war bei euch ,

Ote zu uns mes péchés ,

Die Worte und die Musik würden wie eine Welle über das Publikum hinwegfegen und viele mit gequältem Gewissen und tränenüberströmten Gesichtern nach Hause schicken.

Eines Morgens, nach einem solchen Treffen, klingelte es an der Tür des Marschalls und eine Dame wurde in ihre Gegenwart geführt. Sie trat wortlos vor, nahm das Gesicht des Marschalls zwischen ihre Hände und umarmte sie herzlich auf französische Art, indem sie ihr beide Wangen küsste. Der Marschall fragte, was diese süße Zuneigung bedeute.

"Oh!" sagte der Fremde, „Du hast mir meinen Mann zurückgegeben. Er hörte dir letzte Nacht zu, und als er nach Hause kam , fiel er mir zu Füßen und flehte mich um Verzeihung an und schwor, dass er mir nie wieder untreu sein würde."

Das war nur eine der vielen Früchte dieser Ansprachen.

las der Marschall dem *Elitepublikum* einen Brief vor, den ein Mann von hohem gesellschaftlichem Ansehen an ein bezauberndes junges Mädchen schrieb, das er zu seiner Frau hätte machen sollen. Nachdem er sie beim Karneval kennengelernt hatte, erweckte er in ihrem Herzen eine anbetende Liebe, täuschte sie mit einem Heiratsversprechen, steckte ihr einen Ring an den Finger und verließ sie und ihren kleinen Jungen nach drei Jahren. Der Marschall brachte den Brief zu einem angesehenen Juristen und Senator, der gestand, dass er noch nie etwas Vergleichbares an kaltblütiger Grausamkeit gesehen habe; aber er fügte traurig hinzu – das seien die Gesetze christlicher Länder –, dass nichts getan werden könne, um das Unrecht wiedergutzumachen. Der Brief lautete wie folgt:

„KLEINE MARIE,

„Noch einmal muss ich um Verzeihung für alles Leid bitten, das ich dir zugefügt habe. Ich hoffe jedoch, dass du in der Not stark sein wirst, stärker als bisher. Das wird mir ein sehr großer Trost sein. Ich Vielen Dank für die Vorsätze, die die gute kleine Marie gestern trotz ihres Herzens und all ihrer Gefühle getroffen hat. Glaube, dass ich es nie vergessen werde und dass es mich viel gekostet hat, mich zu entscheiden, dein Ideal zu brechen – aber wie gesagt Dir, ich bevorzuge es, aufrichtig zu sein. Solange mein Herz frei von anderen Leidenschaften war , betrachtete ich dich immer als den besten Freund, den ich hatte. Wenn ich nicht vollkommen glücklich war, dann war es so, dass ein Leben ohne Liebe kein Leben bedeutete – aber du, arme kleine Marie, du hast gelitten!

„Du bist hundertmal mehr wert als ich, und gerade deshalb konnten wir uns nicht verstehen. Du, der du so gut – zu gut – bist, durchdrungen von den zartesten Gefühlen, du könntest einen ehrgeizigen Mann nicht besiegen, für mich Ich bin sehr ehrgeizig.

„Während Sie von einem einfachen, ruhigen Leben mit mir geträumt haben, müssen Sie verstehen, dass heftige Leidenschaften, Reichtum und ein luxuriöses Leben für mich unerlässlich sind. Mit einem Wort, unsere Ideale sind völlig unterschiedlich, und es ist eine Scheidung der Seelen, die ich Ich habe es geschafft, Dich zu verlassen. Das Schicksal hat uns einander begegnet und das Schicksal trennt uns. Habe kein schlechtes Gefühl mir gegenüber. Mein Traum ist es jetzt, für mich selbst ein ganz neues Leben zu schaffen, das aus Güte, Liebe und allem anderen besteht Treue in einer ernsten Zuneigung.

„Ich opfere dich, das ist wahr, aber wenn es anders wäre, denk an die Folter, die du mir zugefügt hättest. Ist es nicht besser, uns zu trennen und jeder von uns eine gute Erinnerung daran zu behalten, was unsere Verbindung ausgemacht hat? Denken Sie auch daran, wie mein Das Leben ist in diesem Durcheinander, das ich jetzt wirklich liebe, unerträglich.

„Du bist gut, Marie; sei jetzt mutig. Das Opfer, das ich von dir verlange, ist enorm, das weiß ich, aber tue es aus Liebe zu mir, und ich werde dir auf ewig verpflichtet sein."

„Du wirst all deine Zärtlichkeit in den kleinen Gustave stecken, den ich nie vergessen werde, und vor allem daran denken, dass der, der gut liebt, auch gut züchtigt. Au revoir – au revoir!

„Verzeihen Sie mir noch einmal, und leiden Sie nicht zu sehr unter Ihrer Verbannung. Meine einzige Hoffnung ist, dass Gustave Sie weitgehend für all das Leid entschädigen wird, das Sie in diesen langen Jahren ertragen mussten und das so wenig verdient hat."

"Ich verbleibe,

„Dein ergebener-——."

Marie war ein Mensch, und als der Hochzeitstag näher rückte, flammte in ihrem jungen Herzen heftiger Groll auf. Sie dachte daran, in der Kirche eine Szene zu machen und dem Bräutigam die Freude zu verderben. Ihr Bruder schürte ihr brennendes Gefühl des Unrechts und versprach, ihr beizustehen, wenn sie Rache üben würde. Aber die Marschallin flehte sie an, die Liebe des Gekreuzigten hielt sie zurück, und am Morgen der Hochzeit schrieb sie die folgende klägliche kleine Notiz: „Heute soll er geheiratet werden. Die Hochzeitsglocken läuten ... Es Alles ist vorbei, liebe Maréchale , und ich liege auf den Knien in meinem kleinen Zimmer. Alles ist gut; der Friede Christi ist in meinem Herzen, und ich habe den Sieg." Das ist keine Romantik, sondern ein bisschen echtes Leben. Wer von uns hätte es so gemacht wie die kleine Marie? Sie wusste es nicht, aber sie war an diesem Morgen des Dienstes der Engel würdig – der Leuchtenden, die nie gesündigt und nie gelitten haben.

erzählte die Marschallin ihrem Publikum eine Geschichte, um zu beweisen, welche Quellen der Liebe noch in den Herzen der Verlassensten schlummern. Während eines dreimonatigen Feldzugs in Lyon, der zu einer der bemerkenswertesten Erweckungsveranstaltungen führte, an denen sie jemals teilnahm, gab sie ein Mitternachtsessen. Ihre Beamten waren zu den berüchtigtsten Häusern gegangen und hatten eine Karte mit den Worten hinterlassen: „Eine Dame, die sich für die Sache der Frauen einsetzt, möchte mit ihnen über Themen sprechen, die sie zutiefst interessieren, in – Hall, heute Abend um zwölf." . Abendessen, Musik und Gesang."

Die Stadt war umgezogen, und die Reichen zeigten ihr Mitgefühl für diese Aktion. Da die Maréchale häufig mit den Risiken konfrontiert war, die der Besuch von Mitternachtsversammlungen mit sich brachte, erweckte sie das Interesse der Polizei, die ihr bei dieser Gelegenheit jede erdenkliche Hilfe leistete.

Am späten Abend war der Tisch mit Damasttüchern bedeckt und mit Blumen geschmückt. Ein Abendessen mit Roastbeef, Gemüse, Obst und schwarzem Kaffee wurde zubereitet. Gegen Mitternacht begann das Klavier zu spielen, um diejenigen, die den Saal betraten, mit fröhlicher Musik zu begrüßen.

Einige Mädchen kamen lachend herein und gingen schnell wieder hinaus, offenbar in der Annahme, es müsse sich um eine Täuschung handeln. Sie glaubten nicht, dass Bankette umsonst veranstaltet würden. Manchmal war es sehr schwierig, sie davon zu überzeugen, dass die Sache keine Farce war.

Plötzlich erschien eine schreckliche alte Hexe – eine hässlichere, abstoßendere Frau kann man sich kaum vorstellen. Als sie zur Marschallin kam , sagte sie:

„Du bist die Heilige Jungfrau. Ich weiß es. *Oui , vous .*" *êtes la Sainte Vierge , je le sais* ."

Die Marschallin wusste nicht, was sie sagen sollte, so sehr war sie überrascht.

„Du bist die Heilige Jungfrau", wiederholte die alte Frau.

„Kommen Sie und reden Sie mit mir", sagte der Marschall , „und essen Sie zu Abend. Ich freue mich, Sie zu sehen."

Die Frau lachte. „Nein, nein, nein, ich bin es nicht, den du willst – *Ce n'est pas moi qu'il vous faut* .

„Ja, du bist es. Ich bin glücklich, glaub mir, ich bin so glücklich, dich zu sehen. Du bist es, den ich will. Setz dich."

Mit großer Mühe konnte sie schließlich dazu überredet werden, Platz zu nehmen. Aber sie blieb nur eine Minute. Der Marschall drehte sich um, um mit jemandem zu sprechen, und die alte Frau huschte aus dem Saal. Sie war wie ein Blitz verschwunden.

sie nicht wiedersehen , Maréchale ", sagte einer der Beamten.

Die Marschallin begann, sich selbst die Schuld zu geben. Warum flößte sie dem armen Geschöpf kein Vertrauen ein? Warum konnte man ihr nicht das Gefühl geben, zur Ruhe zu kommen? Warum war sie weggelaufen? Sie schien etwas zu ahnen. Es war eine herbe Enttäuschung.

Nach einigem Warten begannen die Mädchen zu kommen und die Tische füllten sich, doch jedes Mal, wenn sich die Tür öffnete, richtete die Marschallin ihren Blick darauf, in der Hoffnung, ihre alte Frau zurückkehren zu sehen. Eine düstere Stimmung hatte sich auf ihren Geist ausgebreitet, weil diese Frau ausgegangen war, weil sie nicht glaubte, dass sie willkommen sei, weil sie dachte, sie sei zu alt und zu hässlich.

Die schöne Gnade „Nous Te „Benissons " wurde gesungen, gebetet und süße Musik erfüllte die Luft, während die Teller herumgereicht wurden. Einige der Gäste waren hübsch und andere hässlich, einige jung und einige alt, einige in Lumpen gekleidet und einige in Statur gekleidet Einige arme, ausgehungerte Geschöpfe baten vier- oder fünfmal um einen Teller Fleisch, während andere, nachdem sie bereits zu Abend gegessen hatten, nur eine kleine Frucht mit ihren zarten Fingern berührten und eine Tasse schwarzen Kaffee tranken.

Das Abendessen war fast zu Ende, und der Marschall wollte gerade sprechen, als die Tür aufsprang und unsere alte Frau hereinkam, mit einem hübschen jungen Mädchen, blond wie eine Lilie, auf einem Arm und einem dunklen, ebenso jungen und ebenso jungen Mädchen schön andererseits. Sie kam hinauf zur „Heiligen Jungfrau", ihr liebes altes Gesicht strahlte.

„ *Voilà* ! Ich habe sie gefunden. Das sind *die* , die du willst! Für mich ist es zu spät, aber zeig ihnen *die andere Seite der Medaille* ."

Der Marschall konnte nicht sprechen. Ihre Augen füllten sich mit Tränen. Die Worte durchbohrten sie. Die Frau wusste nicht, was für eine Tat sie getan hatte, noch was für einen unvergesslichen Satz — *le revers de la médaille* — sie benutzt hatte.

„Ich habe viel Zeit damit verbracht, sie zu suchen", sagte sie. „Ich freue mich — *Je suis contente* ."

„Und auch ich bin glücklich", sagte der Marschall , „vor allem aber, weil Sie gekommen sind."

„ *Moi* !

Die drei setzten sich, der Marschall nahm die alte Frau neben sich. Und sie hat noch nie in ihrem Leben eine Tasse Kaffee mit so viel Freude serviert.

In späteren Jahren erzählte sie manchmal an einem Sonntagmorgen einer englischen Gemeinde die Geschichte dieser alten Frau und stellte dann die eindringliche Frage: „Wer von euch hat jemals wie sie zwei Stunden Tag oder Nacht damit verbracht, nach einer verlorenen Seele zu suchen?" "

KAPITEL XI

DER VERLORENE SOHN

Baron X, der älteste Sohn des gleichnamigen Barons, wurde in Bordeaux geboren und wuchs in einer Familie mit streng katholischen Traditionen auf. Er studierte am Collêge de Tivoli und am Lycée, interessierte sich aber nur für Sport und Vergnügen. Nachdem er einen Großteil des Vermögens seines Vaters durch ein ausschweifendes Leben verschwendet hatte, teilte man ihm mit, dass sein Taschengeld gänzlich gestrichen würde, wenn er nicht für einige Zeit ins Ausland ginge. Er verließ in Ungnade sein Zuhause, segelte nach New York und begann die Bitterkeit des Exils zu spüren, als er eines Tages zufällig ein großes Restaurant betrat und zu seinem Erstaunen seinen Cousin, den Viscount von X., traf, der die Erbschaft übernommen hatte ein Vermögen von zwei Millionen Francs, beeilte sich, es zu verschwenden. Sie fielen einander um den Hals und wurden sofort zu lustvollen Gefährten. Sie gaben sich allen Arten von Wahnsinn hin und gaben innerhalb weniger Monate riesige Summen aus.

Baron X hatte Angst, auch nur einen Moment über die Ungeheuerlichkeit seiner Fehler nachzudenken. Er war innerlich unglücklich und stellte fest, dass alle anderen, die dem Vergnügen nachjagten, genauso unglücklich waren wie er. Eines Abends sagte er bei einem Tanz in Montreal zur Ballkönigin, die von allen für ihre Schönheit und ihren Charme bewundert wurde:

„Ich wünschte, ich könnte wieder herausfinden, wie ich mich wieder amüsieren kann!"

Sie antwortete: „Wenn *ich* schwul zu sein scheine, habe ich keinen Grund dafür. Oh, wie ich leide!"

Der junge Mann hatte das Gefühl, dass das Leben immer mechanischer wurde und die Tage in einer endlosen Monotonie unbefriedigender Vergnügungen aufeinander folgten. Er schien in einem bösen Traum zu leben.

Nach einer Weile kehrte er nach Frankreich zurück und eines Abends saß er traurig im Herzen auf dem Balkon des *Café de la Paix* und überlegte, an welchen Ort der Freude er seine Schritte richten sollte, als einige Salutistenmädchen kamen, um ihr Tagebuch anzubieten an die Kunden. Sie wurden mit den üblichen Höflichkeiten begrüßt. Baron X fragte den Kellner, ob er wisse, wer diese Leute seien.

„Oh ja, Monsieur, das sind die *Salutisten* , und wenn Sie gut lachen wollen, brauchen Sie nur in die Rue Auber zu gehen, die ganz in der Nähe ist ; dort gibt es einen Saal, in dem Sie einen schönen Abend verbringen können ."

Seine Neugier war geweckt, Baron X. ging zum angegebenen Ort und nahm ein *Fille de Joie* mit. Der blonde junge Mann und sein Begleiter saßen lachend am Ende der Halle. An diesem Abend gab es „Zeugnisse", die irgendwie die Aufmerksamkeit von Baron X erregten. Er kam nicht umhin, sich zu fragen, wieso diese jungen Leute so glücklich wirkten. Dann las ein junger Offizier die Worte vor: „Der Lohn der Sünde ist der Tod, aber die kostenlose Gabe Gottes ist das ewige Leben durch Christus Jesus, unseren Herrn", und hielt eine Ansprache, die sprachlich zwar nicht korrekt, aber äußerst prägnant war. Baron X sagte sich: „Er kennt meine Geschichte und spricht mit mir." Als er hinausging, kaufte er einige Publikationen, die an der Tür zum Verkauf auslagen, und verbrachte die Nacht damit, sie zu lesen. Am nächsten Abend kam er allein und ein großer spiritueller Konflikt begann. Er kam weiter und blieb eine Nacht zurück, in seelischer Qual. Laut schluchzend gestand er, dass er ein wildes und böses Leben geführt, seinen Namen entehrt und das Herz seiner Mutter gebrochen hatte. Um ein Uhr morgens gab er sich Gott hin.

Die Marschallin sah, dass er in Paris Angst vor sich selbst hatte, und öffnete ihm die Türen. Sechs Monate lang lebte er teils in ihrem Haus, teils im Hauptquartier in der Rue Auber. Sie lernte ihn bald durch und durch kennen und war beeindruckt von seiner Einfachheit und absoluten Aufrichtigkeit. Er hatte völlig mit der Vergangenheit gebrochen und war nie auch nur im *Geringsten zum Nachdenken gekommen* . Er war zu jedem Opfer und zum demütigsten Dienst bereit.

Eines Tages kam ein Polizeibeamter, um der Marschallin mitzuteilen , dass in ihrem Haus jemand lebte und die Uniform der *Armée de Salut trug* , der sich als Sohn von Baron X ausgab. Sie rief Baron X an, und währenddessen die beiden Männer starrten einander an und sagten: „Das ist der Sohn von Baron X." Der Beamte entschuldigte sich und zog sich zurück.

Baron Nach sechs Monaten musste die Marschallin ein *Turnier* in Bordeaux beginnen und teilte Baron X mit, dass sie die Gelegenheit nutzen würde, um seine Eltern zu besuchen. Er war überglücklich. Er hoffte viel und sagte, er würde beten.

Als sich die in Uniform gekleidete Marschallin den Toren des Schlosses des Barons näherte, hielt sie ein völlig Fremder an und rief: „Mein armes Kind, was wirst du in diesem Haus tun?" Sie lächelte nur und ging weiter, aber die Frage kam ihr danach wieder in den Sinn.

Sie klingelte und wurde in ein luxuriöses Zimmer geführt, und bald darauf erschienen der Baron, die Baronin und ihre Tochter. Sie wurde so steif empfangen, als wäre sie die Vertreterin der Königin, und es fiel ihr schwer, anzufangen. Sie bemühte sich und sagte, sie hätten wahrscheinlich von ihrem Sohn erfahren, dass in seinem Leben eine wunderbare Veränderung stattgefunden habe. Sie war froh, es bestätigen zu können. Sechs Monate lang hatten sie und ihre Beamten sein Leben beobachtet und nichts in Wort, Aussehen oder Tat bemerkt, was dieser wunderbaren Veränderung widersprach.

Es gab keine Antwort. Die Eltern und die Tochter starrten ihren Besucher einfach an. Sie fuhr fort-

„Ich weiß, dass sein Leben schlecht war, aber ich dachte, dass Sie sich freuen würden, von seiner Bekehrung zu hören."

Dann konnte sich die Baronin nicht mehr beherrschen. Eine Flut von Worten strömte von ihren Lippen. Sie schilderte das skandalöse Leben ihres Sohnes, der im wahrsten Sinne des Wortes ein echter Verschwender gewesen war, ihren Reichtum verspielt, seine Geliebte in ihr Haus gebracht und ihren Namen in Verruf gebracht hatte.

„Aber", sagte der Marschall , „das war vor seiner Veränderung. Erzählen Sie nicht, was er einmal war. Denken Sie daran, was er jetzt ist. Er hat unter meinen Kindern gelebt, und ich kann darauf vertrauen, dass er mit ihm ein- und ausgeht." Sie. Ich weiß etwas über echte Bekehrungen, und ich denke, ich kann es beurteilen. Ich versichere Ihnen, dass er ein neuer Mann geworden ist, mit neuen Wünschen, neuen Bestrebungen, einer neuen Natur."

Diese Zusicherungen führten nur zu einer weiteren realistischen Beschreibung seiner Sünden.

„Aber", flehte der Marschall , „das war, als er Saul war; jetzt ist er Paulus."

Sie starrten sie an und verstanden die Bedeutung ihrer Worte nicht.

„Lassen Sie ihn zur katholischen Kirche zurückkehren", sagte der Baron. Dass sein Sohn behauptete, außerhalb der heiligen Mutterkirche gerettet worden zu sein, war offensichtlich ein letzter Schlag für seinen Stolz.

„Das ist sicherlich zweitrangig", sagte der Marschall . „Wenn man bedenkt, was für ein Sünder er war, sollte es Ihnen egal sein, durch wen die Veränderung herbeigeführt wurde. Er wurde in der *Armée du Salut bekehrt* , aber es gibt nur einen Gott und einen Erlöser . Katholiken und Protestanten sind gleich, wenn sie kein Leben haben." ."

Aber die Baronin richtete sich in ihrem wunderschönen Gewand auf und sagte:

„Lass ihn zur katholischen Kirche zurückkehren, sonst bekommt er nie wieder einen Sou von uns."

Der Marschall sah, dass es an der Zeit war, das Interview zu beenden.

„Sehr gut, Baronin", sagte sie und stand auf, „ich werde die Mutter Ihres Sohnes sein. Ich werde Ihrem Sohn Kleidung und Stiefel kaufen."

Damit verließ sie enttäuscht und müde ihr Haus, nachdem sie Stunden unter ihrem Dach verbracht hatte, um sich für die Sache ihres Sohnes einzusetzen, aber sie hatten ihr nie auch nur eine Tasse Tee angeboten.

Als sie nach Paris zurückkehrte, rief sie Baron X an. Sein Gesicht verzog sich, als sie zu sprechen begann. Sie forderte ihn auf, mutig zu sein, beschrieb ihm ihr Gespräch mit seinem Volk und sagte abschließend: „Ich werde eine Mutter für dich sein, und es wird dir an nichts mangeln."

Er arbeitete noch einige Monate mit ihr in Paris zusammen und erhielt dann ein Telegramm: „Komm schnell, Vater liegt im Sterben." Der Marschall schickte ihn eilig davon, und er erzählte ihr anschließend von seiner ereignisreichen Reise.

Als er nach Hause kam, fand er das Haus still vor, jedes Geräusch von außen und von innen gedämpft.

„Bin ich zu spät?" er hat gefragt.

„Nein, sei still! Er hat die ganze Zeit nach dir gefragt. Komm schnell."

Oben ging er in das Zimmer seines Vaters. Als er eintrat, sah er zwei dünne weiße Hände auf der Bettdecke und hörte eine Stimme:

„Ist es mein Sohn?"

"Ja Vater!"

Mit einem Satz war er am Bett und fiel auf die Knie. Mit schwerem und schnellem Atem sagte sein Vater leise:

„Oh mein Sohn, deine Religion ist besser als meine. Vergib deinem alten Vater, dass er dir nicht vergeben hat."

Sein Sohn hielt seine Hand, sprach zu ihm vom Erlöser und sang ihm einige der Chöre vor, die er in der Armee gelernt hatte. Vater und Sohn waren tausend Meilen vom Katholizismus und Protestantismus entfernt. Sie befanden sich einfach in der Gegenwart des Erlösers . Mit Worten der Erlösung im Ohr und kindlichen Armen um ihn starb der alte Baron.

Er selbst, jetzt Baron X, kam in sein Vermögen. So schlecht es einem ältesten Sohn auch ging, er kann nach französischem Recht nicht enterbt werden.

Die nächsten vier Jahre lang war Baron X Offizier in der *Armée du Salut* . In Paris und Nîmes , England und Belgien setzte er sich mit Eifer für das Seelenheil ein. Er begleitete die Marschallin bei ihrem Wahlkampf in Brüssel.[1]

[1] Beschrieben in Kap. xiii.

Er heiratete Mlle. Babut , die Tochter des bekannten Pfarrers in Nîmes . Als Mädchen war sie unglaublich klug, aber sehr eigensinnig gewesen und hatte ihr Herz vor allen verschlossen, die versuchten, sie zum Guten zu beeinflussen. Als die Marschallin nach Nîmes kam , ging sie wie alle anderen zu den Versammlungen und nahm ihre Freundinnen mit , die sie zum Spotten und Lachen anregte. Doch eine seltsame Macht ergriff sie. Vergebens versuchte sie zu entkommen, indem sie das Gehörte lächerlich machte. „Eines Abends", um ihre eigenen Worte zu verwenden, „richtete die Marschallin – von Gott geleitet – ihre Augen voll auf mich und sagte: ,Junge Frau, du hast nicht das Recht, dein Leben zu verschwenden.' Klar, deutlich und schneidend wie ein Schwert drang diese Wahrheit in mich ein und mit ihr die Überzeugung: „Ich sollte mich hier und jetzt Gott ergeben." Drei Monate später war sie im Ausbildungsheim in Paris.

Der Baron X. und seine Frau wurden später Missionare in Madagaskar. Sie haben sich mit Leib und Seele für die Arbeit eingesetzt. Als der Gesundheitszustand von Baron Sein Ende kam im Jahr 1911. Pastor Babut sagte, er habe fünfzig Jahre lang auf Sterbebetten gelegen, aber noch nie etwas so Schönes gesehen wie das letzte Ende des Barons.

„Mut", sagte jemand zu dem Sterbenden.

„Mut? Ich brauche ihn nicht, wenn mir der Himmel offen steht."

„Sehen Sie den Herrn Jesus in Ihrer Nähe?"

„Aber ich bin bei Ihm!"

„Gott hat dich dazu benutzt, für ihn zu arbeiten."

„Alles, was ich getan habe, zählt nichts, nur die unermessliche Gnade und Liebe Gottes bleibt."

KAPITEL XII

SO GROßER GLAUBE

Es war mitten im Winter und der Boden war mit Schnee bedeckt. In der Villette herrschte nicht wenig Besorgnis. Vierzig hungrige Münder mussten an der École Militaire gefüllt werden , und zum Abendessen gab es nichts. Die einfache Tatsache war, dass die Geldkassette leer war, und es war schwer, nicht schweren Herzens zu sein. Aber die Maxime eines *Salutisten* lautet: „Glaube weiter!" Gott hatte die Marschallin nie verlassen, als sie ihm vertraute. Depression und Melancholie betrachtete sie als Mangel an Glauben. Sie befahl ihrer Sekretärin, einen *Fiaker* einzuberufen . Als sie eintraten, sagte der Beamte:

„Haben Sie das Fahrgeld, Maréchale ?"

"NEIN!"

"Aber---"

„Der Herr, erbarme dich deiner! Wo ist dein Glaube? Geh auf die Knie und bete!"

Der Beamte gehorchte sofort. Sie beteten beide – es war echtes Gebet – und ihre Herzen wurden leichter.

Der *Fiaker* hielt am Tor eines wunderschönen Hauses auf den Champs-Élysées . Es musste warten, denn es gab kein Geld, um den *Wagen zu bezahlen*

.

Der Marschall wurde in eine luxuriöse Wohnung geführt und unterhielt sich bald mit einer russischen Gräfin über ihre Seele. Sie hatten sich noch nie zuvor getroffen, aber sie fanden eine gemeinsame Basis.

„Auch ich", sagte die Gräfin , „bete den Christus an! Komm und sieh ... Schau, der Christus!"

Sie standen vor einem wunderschönen Bild des dornengekrönten Erlösers.

"Ich bewundere ihn!" sie wiederholte.

„Aber es ist eine Sache", sagte der Marschall , „ihn hier in dieser bezaubernden Umgebung anzubeten, und eine andere, ihn inmitten des Schmutzes, der Unmoral und des Elends der Villette anzubeten, wo ich Tag und Nacht unter den Armen lebe." und die Sterbenden, und wo ich hingebungsvolle junge Kameraden habe, die ein behagliches Zuhause und glänzende Aussichten verlassen haben und jetzt für Christus arbeiten und nichts dafür bekommen. Was ist eure Anbetung Christi im Vergleich zu ihren?"

Die Gräfin schwieg und fühlte sich offensichtlich schlecht. Plötzlich hatte sie einen neuen Lichtblick auf die Anbetung Jesu erhalten, und als ihr klar wurde , dass Taten besser sind als Worte, verließ sie für eine Minute den Raum, um mit einer Opfergabe von 500 Francs zurückzukehren.

Durch solche Gaben konnte die Armee auf dem Kontinent aufrechterhalten werden. Es ist etwas seltsam zu entdecken, dass der Marschall nicht nur der Apostel, sondern auch der Finanzier der *Armée du Salut* in Frankreich war. Natürlich konnten andere die Gelder verwalten, aber die Last, die Staatskasse aufzufüllen, lag bei ihr. Je mehr Jahre vergingen und je länger die Arbeit dauerte, desto schwerer wurde die Aufgabe. Offiziere mussten unterstützt, die Miete für Häuser und Hallen bezahlt, das Ausbildungsheim, die Rettungsheime, die Waisenhäuser und die Ruheheime unterhalten werden, und um all diese Ausgaben zu bestreiten, musste der Marschall schuften , reisen und unzählige Briefe schreiben. Diejenigen, die Christus anbeteten, sandten ihr ihre Geschenke aus vielen Ländern.

Während es in Frankreich und der Schweiz viele großzügige Unterstützer der Armee gab, kamen die größten Beiträge aus dem Heimatland. Wir haben festgestellt, dass der General Catherines Handschrift nicht gern sah, weil er an ihr schwaches Rückgrat dachte. Doch an einem Tag schrieben sie und ihre Sekretärin manchmal über hundert Briefe mit ihren eigenen Händen, die am Ende zu eng waren, um mit weiteren Briefen fortzufahren. Die Erfahrung hatte ihr gezeigt, wie wertvoll eine persönliche Bewerbung ist. Manch ein Gratulant, der als Antwort auf einen maschinengeschriebenen Brief 5 Pfund gegeben hätte, täte viel besser daran, einen herzlichen Appell in der eigenen Handschrift des Anführers zu erhalten. Sie machte es sich sogar zur Regel, selbst Quittungen zu schreiben.

Die mageren Monate stellten den Geist des Ausbildungsheims auf die Probe. Obwohl es außer einem Teller Kohlsuppe und einer Kartoffel nichts zu essen gab, murrten die Kadetten nie. „ *C'est la vie apostolique* ", sagten sie fröhlich zueinander. Und es war leicht, jede Not zu ertragen, wenn ihr Anführer sie mit ihnen teilte. Einer, der jahrelang bei ihr als Offizier tätig war, schrieb: „In allen Dingen war sie unser Vorbild. Wenn man ihren Unmut erregen wollte, brauchte man ihr nur etwas zu essen zu geben, das die Arbeiter nicht hatten. Da es ihr gesundheitlich schlecht ging." , manchmal versuchten die Menschen um sie herum, sich ein wenig Luxus zu gönnen, um ihren Appetit anzuregen oder sie zu stärken. Sie bekamen die Antwort: „Was ist das denn? Es ist nichts für mich, hoffe ich, denn obwohl es sehr gut ist." „Du, ich wollte es nicht und werde nichts dergleichen haben." Dann würde sie es allen mitteilen.

Immer wenn bekannt wurde, dass die Staatskasse fast leer war, wussten die Offiziere und Kadetten, dass dies ein Aufruf zum Gebet war. Einmal wurden die Mieten für die Säle Rue Auber und Quai de Valmy fällig; es gab nichts, was ihnen entgegenkam; und es waren nur drei Tage der Gnade. Es waren Tage der Qual. Alle Offiziere, die etwas übrig hatten, gaben es. Die Kinder im Waisenhaus gaben drei Franken und zehn Rappen. Doch als das Beste getan war, war von den nötigen 3000 Francs nicht der Zehnte übrig.

Alle trafen sich zum Gebet. Die Marschallin sprach über die Worte: „Obwohl der Feigenbaum nicht blühen wird und auch keine Frucht in den Weinstöcken sein wird ... die Herde wird aus der Hürde ausgerottet werden, und es wird keine Herde mehr in den Ställen sein; doch ich werde es tun." Freut euch im Herrn." Sie läutete die Änderungen bei „Freue dich" ein und fragte: „Sind wir *da* ?" Ja, sie waren alle da – um nichts besorgt, sondern um alles im Gebet und mit Dankbarkeit, indem sie Gott ihre Bedürfnisse mitteilten.

Ehre kümmern musste ; Er *musste* schicken, was erforderlich war. Wer wird einen solchen Glauben in Frage stellen? Hat das deutsche Volk nicht von Luther gesagt: „Seht, da ist der Mann, der von Gott bekommt, was er verlangt?" Als die Marschallin mit ihrer Sekretärin in einem Waggon dritter Klasse durch den Westen Frankreichs reiste, stiegen die armen Leute mit ihren Gemüsekörben ein, und einer von ihnen flüsterte laut: „Passen Sie auf, was Sie sagen, diese Leute." Wenn sie beten, bekommen sie von Gott alles, was sie wollen.

Zurückgeben. Am Morgen des letzten Gnadentages erhielt die Marschallin einen Brief aus Schottland, der einen Wechsel über 100 Pfund, ein „Gott segne Sie" und nichts weiter enthielt. Sie wusste nie, was für ein menschliches Herz bewegt worden war, den Brief zu versenden. Aber sie zweifelte nie daran, dass Gott es gesandt hatte.

Solche Ereignisse waren keine Einzelfälle. Hier ist die Aussage von M. Grandjean , der jahrelang einer der besten Offiziere der Maréchale war. „Mit Dankbarkeit vor Gott denke ich an die schwierigen Tage, in denen unser Glaube auf eine harte Probe gestellt wurde, als ich Kassierer am Quai de Valmy war und keinen Schilling hatte und wir die 6000 Franken für Miete und andere Ausgaben bezahlen mussten. I Ich werde nie meine überwältigende Freude vergessen, als ich eines Abends an die Kadetten appellierte, mit Glauben zu beten, und als fünf oder sechs von uns mit mir in der kleinen Küche des Quai de Valmy beteten. Am nächsten Tag empfing der Marschall die erste Post einen Scheck über 6000 Franken von jemandem , der nicht wusste, dass wir in Not waren.

Bei einem ihrer *Tournées* arbeitete die Marschallin im Süden Frankreichs. Obwohl sie in größter Not steckte und schweren Herzens war, setzte sie ihre Versammlungen fort, als eine Frau, die auf wunderbare Weise gesegnet worden war und deren zwei Kinder durch ihren Dienst gerettet worden waren, dazu bewegt wurde, ihr eine Dankesspende von 5.000 zu überreichen Franken. Da sie die ganze Nacht auf dem Rückweg nach Paris unterwegs sein musste und allein unter vielen Arbeitern war, steckte die Marschallin das Geld in ihre Brust und betete: „Behalte nun dein Kleines“, wagte aber nicht zu schlafen.

Zu den unermüdlichen Unterstützern der Armee in Frankreich gehörten die persönlichen Freunde des Marschalls . Eine der liebsten von ihnen war Madame de Bunsen, geborene Waddington, die *In Three Legations schrieb* . Sie trafen sich zum ersten Mal in Cannes, wo der Marschall eine Kampagne im Theater durchführte; und ein großes Bündel Briefe, teils auf Französisch, teils auf Englisch, zeugt von der herzlichen Freundschaft. Madame de Bunsen überredete die Marschallin einst, sich einige Wochen in ihrem Schloss am Rhein auszuruhen; und ein anderes Mal versuchte sie, sie zu einem Besuch in Florenz zu überreden, aber der Marschall konnte das Gefühl nie ganz überwinden, dass es ein Rückschritt sei, Urlaub zu machen.

Ein weiterer ihrer ständigen Unterstützer war Herr Frank Crossley, dieser hochherzige Geschäftsmann, dessen *Leben von* Rendel Harris bewundernswert geschrieben wurde . Kurz nachdem der Marschall nach Frankreich gegangen war, drückte er ihr in einem Brief sein „glühendes Mitgefühl“ für ihre Arbeit aus. „Ich habe“, sagte er, „mehrere christliche Mitarbeiter getroffen und gut gekannt – DL Moody, Miss Ellice Hopkins, Miss Mittendorff und andere –, aber ich kann Ihnen sagen, dass vielleicht keiner von ihnen den gleichen Eindruck hinterlassen hat wie Sie.“ "

In einem ihrer letzten Briefe schrieb sie: „Sag mir, wie kommt es, dass das, was uns so fern erscheint, dir nahe ist.“ Sie war eine wunderschöne Seele und fand Frieden in Christus.

Er erhielt Hunderte von Briefen von ihm, und sie sind sehr interessant zu lesen. Was ihn an der Marschallin vor allem anzog , war ihre Vertrautheit mit Christus, die, wie er sah, die Belohnung für Selbstaufopferung war. Seine Worte zu diesem Thema gehen sehr tief.

„Es ist ein harter und langer Kampf, aber nur die Kämpfenden, die ihr Herzblut für die Sache einsetzen, können *eine Blutsverwandtschaft* mit dem Herrn Jesus für sich beanspruchen. Der Rest sind Cousins zweiten Grades oder nicht einmal so nahe.“ . Sie kennen Ihn nicht besonders gut und fühlen sich bei Ihm nicht besonders wohl, wenn sie Ihm morgens einen Besuch abstatten ... Er macht den Eingang hoch und das Tor eng, damit es wertvoll ist, wenn es gewonnen wird – ich glaube, das ist der Schlüssel zum Mysterium des Lebens, oder zumindest zu einem großen Teil davon. Es wäre in vielen Fällen jedenfalls unmöglich und nutzlos, uns für das Gebet eines Augenblicks und das Opfern von nichts nach oben zu lassen. Erzähl mir bald mehr vom Klettern. Ich lerne langsam.“

Mr. Crossleys Natur war von einer nachdenklichen Note geprägt, die durch die Freundschaft des Maréchale gemildert wurde. In Bezug auf eine solche Angelegenheit meinte er, dass „die Sprache nicht annähernd die Länge des Gefühls erreichen sollte", aber schon bald schreiben wir: „Das Halleluja Vögelein ." singt in meinem Herzen.

Seine Spenden für die Arbeit der Armee sowohl im Inland als auch in Frankreich waren sehr großzügig. Er gab der Marschallin jedes Jahr viele tausend Pfund. Seine Großzügigkeit war Teil seiner Verehrung Christi. Nichts könnte schöner sein als das Folgende: „Ich weiß, Sie werden denken, dass es ein großer Teil meines Kapitals ist schrie Hosanna, und ich auch. Und noch einmal: „Du bist mir sehr dankbar für das, was ich dir geben konnte, aber wenn du wüsstest, wie dankbar und dankbar ich auch für dich war, würdest du sehen, wie Gott uns ungleich macht, damit wir uns durch die Hilfe selbst belehren können." und notwendige Dienste, die er uns leisten kann." Herr Crossley wünschte, dass die Marschallin eine Schenkung von 10.000 Pfund für den Unterhalt ihrer Familie annehme , damit sie persönlich von finanziellen Sorgen befreit werden könne, und bot ihr außerdem an, ihr ein Haus außerhalb von Paris zu bauen, aber sie lehnte beide Angebote ab, da sie dies nicht wollte in einer anderen Position sein als die anderen Offiziere der Armee.

1891 reiste die Marschallin nach Amerika, um Geld für die Arbeit in Frankreich zu sammeln. In Begleitung ihrer Sekretärin, Frau. Peyron – der ihre Genfer Konvertitin Mlle war. Roussel – sie segelte im Oktober mit der *Columbia* nach New York und besuchte achtundzwanzig der wichtigsten Städte der Vereinigten Staaten und Kanadas, hielt sechzig Treffen ab, reiste manchmal dreißig oder vierzig Stunden am Stück und einmal mit der zusätzlichen Erfahrung von zwölf Stunden lang eingeschneit . Sie wurde überall sehr herzlich empfangen und alle Gebäude, in denen sie sprach, waren dicht gedrängt. Die Pfarrer boten ihr Kirchen an, in denen noch nie eine Frau gesprochen hatte. Nach einem Treffen erhielt sie Einladungen von einem Bischof und siebzehn Pastoren, um vor Gemeinden über ihre Arbeit zu sprechen.

Die Reporter überall fanden sie und ihre Äußerungen eine gute Kopie. „Es war ihr nicht möglich, Pressevertreter in New York zu treffen, obwohl sie zu Dutzenden kamen", erfährt man von dem Bostoner, der behauptete, „ihr erster amerikanischer Interviewer" zu sein. Er fand heraus, dass „ihr Leben in Frankreich der Sprache dieser Engländerin eine gallische Wendung gegeben hat. Sie ist in ihrem Benehmen genauso französisch wie ihre Stabskapitänin Madame Peyron , die dunkeläugige Französin, die mit ihr reist."

Eines Morgens erhielt sie großen Empfang von den Theologiestudenten der Yale-Universität, mit denen sie ausführlich über die Qualifikationen sprach, die für die „Errettung von Seelen" erforderlich sind, nämlich den Besitz eines reinen Herzens und die Taufe im Heiligen Geist. „Als sie mit ihrer Ansprache fertig war, sagte sie, sie sei bereit, alle Fragen zu beantworten, die sie stellen müssten, und eine halbe Stunde lang überschütteten die Studenten und einige der Professoren sie mit einer Menge Fragen, die selbst die klarsten Fragen in Verlegenheit gebracht und verwirrt hätten–" Sie war unter ähnlichen Umständen die geistreichste Ministerin des Landes. Sie zeigte jedoch, dass sie bereits zuvor Fragen beantwortet hatte, und gab Antworten, die sowohl Gelächter als auch Applaus hervorriefen, denn ihr Witz ist äußerst ausgeprägt."

Es ist interessant, sie mit Yale-Augen zu sehen. „Ihr Gesicht ist eine Studie, nach der ein Künstler oder Bildhauer jahrelang suchen könnte, ohne sie zu finden. Im Ruhezustand erinnert es an die Bilder der Madonnen von Michael Angelo, aber wenn sie spricht, ist seine Ernsthaftigkeit so intensiv, dass es fast so ist streng. Ihre Stimme ist eine, die jede Schauspielerin wegen ihrer Tiefe und Stärke begehren könnte. Sie ist der des großen Bernhardt ebenbürtig, und doch ist sie süß und sanft und hat nichts von der Härte des männlichen Tons. Ihr Akzent ist etwas Besonderes charmant, denn sie besitzt die ganze Anziehungskraft der englischen Sprache, die durch lange Vertrautheit mit der französischen Sprache noch süßer wird. Durch ihre lange Bekanntschaft mit den unteren Klassen, den Sozialisten und allen Freidenkern Frankreichs hat sie sich diese feurige Direktheit angeeignet Leichtigkeit und Anziehungskraft in ihrem Sprechen, die für die französische Redekunst so charakteristisch und für Amerikaner so faszinierend sind. Es ist für diese bemerkenswerte Frau nicht ungerecht, zu sagen, dass ihr Name sicherlich genauso berühmt gewesen wäre, wenn sie die Bühne für ihre Rolle im Leben gewählt hätte in diesem Beruf, wie er heute ist, als Maréchale der französischen Heilsarmee.

In Amerika hatte sie das große Glück, wieder mit ihrem Bruder Ballington vereint zu sein , der, da er ein Jahr älter war als sie, in ihrer Kindheit ihr Kumpel gewesen war, und mit seiner Frau, *geborene* Maud Charlesworth, die in der ersten Zeit ihre tapfere Kameradin gewesen war Tage der Verfolgung in der Schweiz.

Ende Januar 1892 kehrte die Marschallin nach dreieinhalbmonatiger Abwesenheit nach Frankreich zurück. Amerika hatte ihr 60.000 Dollar für ihre Arbeit und Erinnerungen an grenzenlose Freundlichkeit gegeben.

KAPITEL XIII

SCHÖNHEIT FÜR ASCHE

„Sie haben der französischen Sprache ein neues Wort hinzugefügt", sagte M. Sarcey , der berühmte Kritiker, zur Maréchale ; „Ich meine das Wort ‚ Salutiste '." Im Jahr 1881 gab es weder in Frankreich noch in der Schweiz einen einzigen Salutisten. Nach fünfzehn Jahren gab es 220 Stationen und Außenposten, über 400 Beamte, Hauptquartiere in fünf Städten und vier Wochenzeitungen.

Aber diese nackten Tatsachen geben nur schwachen Aufschluss darüber, was die Marschallin für Frankreich getan hat. In einem Moment der Depression beim Gedanken an die französische Untreue bemerkte die Prinzessin Malzoff einmal zu ihr:

„Die Franzosen haben keine Seele."

„Wie können Sie es wagen", fragte der Marschall , „so etwas zu sagen?"

Ihre Freundin antwortete mit charmanter Widersprüchlichkeit: „Aber Sie haben die Seele Frankreichs gefunden!"

Das war vielleicht die höchste Ehrung, die ihr jemals zuteil wurde.

Fragt man einen Franzosen, der die Marschallin damals kannte, wie sie das Herz Frankreichs eroberte, antwortet man: „Aber es ist natürlich – sie hat das französische Temperament und außerdem *Elle* . "„*Aime la France* ". Wenn man einen ihrer Konvertiten fragt, wie sie die Seele Frankreichs gefunden hat, lautet die Antwort: „Ah! Sie brachte uns den Christus, der überall siegreich ist." Beide Fragen wurden gemeinsam von jemandem beantwortet, der stellvertretend für viele sagte: „Sie hat uns um den Preis von Tränen und Opfern erkauft."

Als sie in Frankreich auf dem Höhepunkt ihrer Macht stand, schrieb eine der Heiligen des modernen Kalenders, Miss Frances E. Willard, eine bewundernswerte Wertschätzung für sie [1]. Wir extrahieren ein paar Sätze. „Sie erbt, so heißt es, mehr als alle anderen der begabten und geweihten acht Kinder des Generals und von Mrs. Booth deren besondere Gaben, Gnaden und Anmut ... Die Karriere der Marschallin erfüllt bereits die Prophezeiung ihres Vaters, dass Frauen, Wenn sie einmal in ihrem Handeln freigelassen werden, entwickeln sie Verwaltungsbefugnisse, die denen der Menschen völlig ebenbürtig und oft sogar überlegen sind ... „Ich liebe Frankreich", sagte sie mit funkelnden Augen zu mir, „es ist ein großes und wunderbares Land, und ich." Ich liebe seine Menschen genauso sehr wie eh und je, ich habe meine eigenen geliebt. Ich habe seine Bauern in der Provinz kennengelernt, habe mich mit den Französinnen zusammengesetzt, die in Sabots umherklappern, habe ihre Kastanien mit ihnen geteilt und von ihren Sorgen gehört sowie ihre Freuden, und glauben Sie mir, das menschliche Herz ist in Frankreich genauso wie überall; und wenn man die Heiligen klassifiziert, deren Geschichte uns überliefert ist, würde Frankreich den ersten Platz einnehmen. Die Nation, die hervorgebracht hat einem Lacodaire , einem Pascal, einem Fénelon und einer Madame Guyon mangelt es nicht an den Keimen des spirituellen Lebens."'

[1] *The Review of the Churches* , Februar 1894.

1896 endete ihre Karriere in Frankreich jedoch. Sie erhielt den Befehl, sich der Arbeit der Armee in Holland zu widmen, und bereitete sich treu darauf vor, ihm zu gehorchen.

Katholiken und Protestanten waren gleichermaßen bestürzt über die Nachricht. Einer ihrer liebsten Freunde, der katholische Gelehrte M. Lassaire , dessen exquisite Übersetzung der vier Evangelien die Ehre hatte , in den Index Expurgatorius aufgenommen zu werden, kam zu ihr und sagte:

„Du solltest uns nicht verlassen. Gott hat dir das Ohr der Nation gegeben, wie es nur einmal in hundert Jahren gegeben wird."

„Aber mir ist befohlen."

„Wenn der Engel Gabriel vom Himmel herabgestiegen wäre und dir gesagt hätte, dass du gehen sollst, solltest du Frankreich nicht verlassen!"

Théodore Monod, dessen eigene Familie durch die Maréchale sehr gesegnet worden war , hatte tiefes Mitgefühl mit ihr und trauerte über ihren Weggang, fast als wäre sie seine eigene Tochter, versuchte sie jedoch zu trösten, indem er sagte: „Sie hinterlassen uns Ihre Hymnen!"

Der Tag, an dem die Marschallin Frankreich verließ, war einer der zwei oder drei dunklen Tage ihres Lebens. Sie fühlte sich ein wenig wie die junge schottische Königin, die sagte, als sie auf die zurückweichenden Küsten von Calais blickte:

„Adieu! Mann charmant pays de France,

Adieu! te quitter c'est mourir .

Und doch glaubte sie in ihrem Herzen daran, dass Gott seinen gnädigen Plan verwirklichen würde, den keine Umstände jemals ändern können.

Dass sie Frankreich mit einer tiefen, reinen, leidenschaftlichen Liebe liebte, muss nicht extra erwähnt werden. Wie Frankreich sie im Gegenzug schätzte, kann nicht nur durch M. Sarceys nachdrücklichen Ausspruch „Der Teufel erobert das Land, in dem sie geboren wurde! Sie ist Französin in ihrer Seele" gezeigt werden, sondern auch durch jeden Brief, der zufällig aus Hunderten ausgewählt wurde, die sie erhielt Männer und Frauen Frankreichs.

Der folgende Auszug, getreu übersetzt, zeigt das Kaliber der Menschen, die der Marschall erreichen konnte, sowie den warmen, großzügigen Stil, in dem sich die lateinischen Rassen gewöhnlich ausdrücken.

„Der Abend, an dem Sie von der Szene auf Golgatha und den Worten des reuigen Räubers sprachen: ,Gedenke meiner', diese einfache Geschichte, erzählt von einer gläubigen Seele, hatte mehr Wirkung auf mich als alle Thesen, Zitate und theologischen Argumente von Alle Ärzte, die ich je gehört habe. Dieser Ausdruck, diese Einstellung, diese Überzeugung, diese Gewissheit, diese Gewissheit, dieser *lebendige Glaube* , der sich vor mir in einem Apostel, einem neuen Jünger Christi und dieser melodischen Stimme bestätigte, vollendeten meine Transformation. Ich glaubte, ich sei der reuige Dieb und du der Christus, der zu mir sagte: „Wenn ich im Himmel bin, werde ich an dich denken", und diese Bestätigung bewegte mich …

„Ich staune über den Mut, mit dem Sie Strapazen, Spott, Reisen und Mühen aller Art ertragen, um die Millionen von Wilden, *die* noch immer in Frankreich leben und in der Dunkelheit des Irrtums und des Aberglaubens versunken sind, für die Wahrheit und das Licht zu erobern. Erlauben Sie mir, mich einmal auszudrücken." Nochmals meine aufrichtige Bewunderung und ich möchte Ihnen im Namen meines Landes (ich bin vielleicht ein wenig anmaßend, im Namen Frankreichs zu sprechen, aber ich habe das Recht, ebenso wie die anderen zehn Millionen Bürger) – im Namen meines Landes Ausdruck verleihen meines Landes und im Namen der Zivilisation meine herzliche Dankbarkeit. Geruhe, die Hommage ... eines sehr bescheidenen Soldaten und Jüngers Christi anzunehmen.

Danksagung beigefügt war, hinreichend beweisen wird .

„Liebe Maréchale – (Wie viel Zuneigung, Bewunderung und Verehrung in diesem Wort steckt, kann ich nicht ausdrücken), – Diese tausend Francs erfüllen ihren Zweck dort, wo sie am meisten Gutes tun und Ihnen die größte Freude bereiten. Du denkst immer zuletzt an dich selbst, Wenn du überhaupt an dich denkst, deshalb müssen andere an dich denken. Ich hätte dich, liebe Maréchale , gerne besonders und persönlich entlastet. Aber der Eifer deiner göttlichen Arbeit verschlingt dich, und alles geht so . Sei es so! Gott wird dich direkt durch seine Hand entlasten. Er wird es tun, aber vergiss dich nicht ganz, ich flehe dich an. Kümmere dich um dich selbst, um derer willen, die dich lieben und die deine Hilfe brauchen und die Finden Sie so viel Glück in Ihrer himmlischen Zuneigung.... In der Liebe Christi, Ihrem hingebungsvollen, AS"

Am Ende des Jahres brauchte die Marschallin Worte des Mutes, und daran mangelte es nicht. Ihre Schwester Eva war eine ihrer Trösterinnen und sandte viele liebevolle Botschaften über den Atlantik. Kurz nach Weihnachten – Evas eigenem Geburtstag – schrieb sie: „Ich kann nicht sagen, wie sehr ich an dich gedacht habe. Ich wünschte, ich hätte vorbeischauen und den Geburtstagskuss einer Schwester und ein gutes Gespräch bekommen können, aber der Herr kam mir sehr nahe." Ich war froh, dass ich an seinem Geburtstag sehr damit beschäftigt war, die armen verlorenen Seelen der Menschen zu suchen. Die Jahre vergehen, aber was zählt dann? Jeder Tag bringt uns unserer ewigen Heimat näher, nicht wahr, und dann werden wir leben? und für immer und ewig lieben, uns alle. Liebe, liebe Katie, ich höre dich nicht gern sagen, dass das Jahr ein trauriges war. Du wirst von uns allen geschätzt, von Gott und der Welt, und wie sehr Du hast auch für das Königreich getan... Es gibt einige schöne Erinnerungen, die ich schätze und die mit dir und mir zu tun haben, als ich dich zum Lachen brachte und dir Ofenkartoffeln schenkte! Ich werde bald wieder schreiben. Bis dahin und für immer Nach immer dem Gleichen, Eva.

Die Kommissare ED und Lucy Booth- Hellberg – die jüngste Tochter des Generals –, die das Kommando über die Armee in Frankreich und der Schweiz übernahmen, schrieben in ihrem ersten Jahresbericht (1896): „Eines der letzten Glieder in der langen Kette verzweifelter Bemühungen um ..." Die Rettung Frankreichs, die von der Marschallin mit unverminderter Liebe und Glauben vorangetrieben wurde , war der Lyoner Feldzug, der sechs Wochen lang in den Monaten Januar und Februar dauerte. Unterstützt von einer Reihe gläubiger und fleißiger Offiziere führte sie eine Serie durch von wirklich bemerkenswerten Treffen im *Salle Philharmonique* , der bei jeder Gelegenheit mit einem aufmerksamen und größtenteils sympathischen Publikum gefüllt war. Die Ergebnisse der Kampagne waren äußerst ermutigend und von entschieden dauerhafter Natur. Das örtliche Corps, das bis dahin eine sehr Nachdem wir uns in einer schwierigen Existenz befanden, erhielt sie eine kraftvolle Aufrichtung und ist jetzt in einem gesunden Zustand. Darüber hinaus wurden erhebliche Vorurteile gegenüber unserer Arbeit beseitigt und eine Reihe von Freunden und Sympathisanten gewonnen, was als unmittelbares Ergebnis die Gründung eines Rettungsheims für Frauen zur Folge hatte in dieser Stadt." Später schrieb Lucy an die Maréchale : „Liebling, deine Liebe zu Frankreich ist wunderbar; du kannst sie nicht verstehen."

Wäre die Marschallin zu einer anderen lateinischen Rasse geschickt worden – zum Beispiel zu den Italienern oder den Spaniern –, wären ihre Gaben möglicherweise immer noch zum größten Vorteil genutzt worden. Sie führte einmal eine kurze Kampagne in einem großen Saal in Turin durch. Zu Beginn stieß sie auf einen Sturm der Opposition. Während sie das Kind eines ihrer ehemaligen Offiziere weihte, ging ihre Stimme in einem Aufruhr unter, der den feierlichen Gottesdienst in ein Fiasko verwandelte. Das Publikum geriet völlig außer Kontrolle, und als letzter Teufelsstreich marschierte eine Gruppe Studenten, angeführt von einem großen Kerl mit einem bösen, zynischen Gesicht, den Gang entlang, brüllte, brüllte und schwenkte Stöcke. Der Rädelsführer hatte gewettet, dass er den Marschall küssen würde. Ihre Beamten begannen zu denken, es sei höchste Zeit, die Sitzung zu beenden. Aber sie war noch nicht am Ende ihrer Kräfte. Sie gab ihr den vertrauten Befehl: „Überlass sie mir und bete!" Sie trat an den Rand der Plattform, und als der Anführer nur noch einen Fuß von ihr entfernt war, richtete sie ihren Blick auf sein Gesicht, hob ihren Finger und sang : „[2]

Si tu Savais Comme Il t'aime ,

Sans tarder tu viendrais à Lui,

Du lebst noch heute Même ,

Du viendrais dès aujourd'hui .

[2] Diese Hymne wurde von einem ihrer Offiziere, M. Grandjean , komponiert . Die Melodie war eine der süßesten Opernstücke des Tages.

Die klaren, süßen Töne vibrierten durch die große Halle, und Italien kennt die Kraft des Gesangs. Der Rädelsführer stand da und starrte wie versteinert da, und seine Anhänger kamen keinen Schritt weiter. Während die Marschallin weiter sang, war sie in atemloser Stille zu hören. Dann sprach sie eine Stunde lang. Die Nachbesprechung dauerte bis Mitternacht, und der Anführer der Studenten sagte völlig niedergeschlagen und schluchzend wie ein Kind: „Oh, bleib bei uns, du wirst uns alle zu Engeln machen!"

In Holland, wo die Maréchale Nachdem sie sechs Jahre lang gearbeitet hatte , war sie dadurch schwer behindert, dass sie die meisten ihrer Reden von einem Dolmetscher übernehmen musste. Sie hatte nicht den Sesam zum Herzen eines Volkes – die Beherrschung seiner Sprache. Sie lernte jedoch, wunderschön auf Niederländisch zu singen, und die Übersetzung ihrer Ansprachen wurde von ihrer Sekretärin bewundernswert erledigt. Obwohl sie nicht leugnen konnte, dass ihr Herz immer noch in der Rue Auber von Paris war, unterdrückte sie ihre Tränen und nahm ihre neue Aufgabe – eine sehr verworrene – entschlossen in die Hand und leistete tiefgreifende und dauerhafte spirituelle Arbeit in Amsterdam und anderen Städten, wo Manchmal hatte sie in einer Nacht bis zu vierzig oder fünfzig Büßer.

Form gegossen war , doch schon bald fühlte sie sich unter dem warmherzigen niederländischen Volk ganz zu Hause. Sie hatte Paris beigebracht, ihre Hymne „ *Aimez*" *zu singen Toujours , et malgrez tout goalez toujours* ", und nun setzte sie die Lektion in Holland in die Praxis um. Als sie das Evangelium der Liebe predigte und lebte, hatte sie in allen Schichten viele Erfolgszeichen. Das Beste von allem war, dass sie in anderen den wehmütigen Wunsch weckte, ihr Beispiel nachzuahmen. Einer von Die Kabinettsminister von Königin Wilhelmina brachten seine Tochter, ein nachdenkliches junges Mädchen, zu einem von der Marschallin geleiteten Treffen , und als diejenigen, die bereit waren, sich Christus und seinem Dienst hinzugeben, eingeladen wurden, dies auf irgendeine Weise zu zeigen, zeigte sich dies positiv eifriges Mädchen. Ihr Vater holte sie sofort aus der Versammlung. Aber die Tat war vollbracht, und jetzt gibt es niemanden, der unter den armen und untergegangenen Schichten Hollands eine edlere Arbeit leistet als Miss Rose Pierson. Von diesem glücklichen Tag in Über ihr Leben schrieb sie lange danach: „Als ich die Marschallin zum ersten Mal sprechen hörte, war ich ein siebzehnjähriges Mädchen. Ich erinnere mich noch an jedes Wort, das sie sprach. Ich weiß, dass es für mich eine Offenbarung war, was für eine Realität Christus für eine Seele sein könnte. Ich glaube, das war es, was mich beeindruckt hat – ihre vollkommene Gewissheit über die Gegenwart Christi und ihre eigene leidenschaftliche Liebe zu den Seelen."

Holland stellte der Marschallin zwei ihrer effizientesten Sekretärinnen zur Verfügung, Fräulein Van der Werken und Fräulein de Zwaan, die alle Anforderungen des Amtes ideal erfüllten – Fähigkeit und Bereitschaft, ein Baby zu stillen, eine Tasse Tee zu kochen, einen Brief zu schreiben, etwas zu kochen Anständiges Abendessen, in zwei oder drei Sprachen sprechen, die Tür eines Saals aufhalten, eine Predigt halten und im Allgemeinen das Beste aus allem machen!

Es ist möglich, dass das Exil der Marschallin aus Frankreich ihr Wesen vertiefte und bereicherte und Register hervorbrachte, die zuvor nicht so oft verwendet wurden, insbesondere die *Vox Humana* – die Stimme des Mitgefühls mit allem menschlichen Schmerz und Leid. Gleichzeitig begann sie ein tragischeres Gefühl für die Sünde der Welt zu entwickeln, was einen ihrer seltsamsten und doch charakteristischsten Impulse auslöste und sich in der in gewisser Weise bemerkenswertesten aller ihrer Kampagnen äußerte.

Eines Mitternachts, als sie in Amsterdam wach lag, hörte sie eine klare innere Stimme, die zu ihr sagte: „Geh nach Brüssel, geh in Sack und Asche, geh und erzähle von Sünde, lass alles in deiner Person von Sünde sprechen und erwecke das Gewissen. Dann." verkünden: Siehe, das Lamm Gottes, das die Sünde der Welt trägt."

Ohne darauf zu warten, sich mit Fleisch und Blut beraten zu lassen, reiste sie mit ihrem Krankenschwester-Sekretär Swaan und ihrem Baby Frida, dem Kind des Friedens, nach Brüssel und mietete für drei Wochen den schönsten

Saal der Stadt, den Salle de la Grande Harmonic – das Gleiche, in dem schöne Frauen und tapfere Männer am Vorabend von Waterloo tanzten.

Als sie schließlich einem ihrer Kameraden mitteilte, dass sie in Sack und Asche erscheinen sollte, antwortete er:

„Das kannst du nicht! Niemals!"

„Ich muss, es ist so befohlen."

Deshalb wurde für sie eine *Robe de Bure* angefertigt – ein einnahtiges Kleidungsstück aus dem groben braunen Stoff, den Mönche tragen, mit einem ausgeschnittenen Loch für den Hals und zwei für die Arme und einem Hanfseil für die Taille.

Vor der Eröffnungsbesprechung hatte sie vertrauliche Beziehungen zu ihren Offizieren. „Es ist notwendig", sagte sie, „dass man für die Menschen stirbt. Ich möchte diese gedankenlose, leichtfertige Stadt mit Gott in Kontakt bringen. Ich möchte, dass eure Gesichter von einer anderen Welt sprechen. Es sind eure Gedanken und Herzen, die ich suche." . Wenn Sie an Ihr eigenes Volk und Ihre eigenen Sorgen denken wollen, wenn Sie sich mit hundert und einer Sache beschäftigen wollen, gehen Sie sofort zurück. Ich werde diese drei Wochen leben, als wären es die letzten Erde. Ich habe mein Zuhause und meine Kinder verlassen und werde für diese Stadt leben. Wenn Christus sein Leben für uns gegeben hat, müssen wir unser Leben für die Rettung Brüssels geben." Unter den Beamten gab es Herzzerreißen , Geständnisse und Tränen; neue Bündnisse wurden mit Gott geschlossen; und die Marschallin glaubte, dass dies eines der Geheimnisse des wunderbaren Erfolgs dieses Feldzugs sei.

Am Abend des ersten Treffens kleidete sie sich in die *Robe de Bure* und streute echte Asche auf ihren Kopf. Aber wenn der Teufel jemals persönlich eine arme Seele angegriffen hat, fühlte sich die Marschallin in den Momenten, in denen sich der große Saal füllte und sie wartete, so angegriffen. Was für Spottstrahlen wurden auf sie geschleudert, als wäre sie ein geistiger Feind! Könnte man ihn lächerlicher, irgendeinen Realismus verabscheuungswürdiger kleiden? Wie komisch war diese Übernahme der Rolle des Propheten! Was für ein klägliches Fiasko würde sich die ganze Aufführung erweisen! Sie wurde von einer lähmenden Angst erfasst , und als Antomarchi – ihr „Heiliger Franziskus" – kam, um zu verkünden, dass das Publikum bereit sei, fand er sie weiß wie ein Laken und von Kopf bis Fuß zitternd.

„Habe ich einen Fehler gemacht?" Sie fragte.

„Nein! Maréchale , machen Sie weiter! Fahren Sie fort! Es ist alles in Ordnung!"

„Sag ihnen, sie sollen singen und beten, und dann werde ich kommen."

Ihre Seele schöpfte Kraft aus den Klängen ihrer eigenen Hymne: „ *O toi !
bien- aimé. "fils de l'homme "*, mit dem Refrain –

Viens , Jesus t'appelle ;

Ne sois plus rebelle .

Viens au bien- aime Fils de Dieu,

Crois de sa tendresse éternelle –

sowie aus der anschließenden Stille, in der sie wusste, dass treue Herzen für
sie beteten. Die Wolken verschwanden, die Angst vor den Menschen war
verschwunden und nur die Ehrfurcht vor der unsichtbaren Welt blieb in
ihrem Geist.

Langsam betrat sie den Bahnsteig, ohne den Blick vom Boden zu heben. Das
Publikum schien von der seltsamen Erscheinung wie versteinert zu sein.
Nach einem Moment tödlicher Stille erklang ihre klare, durchdringende
Stimme durch den Saal.

„'Er wurde von den Menschen verachtet und abgelehnt, ein Mann voller
Sorgen und mit Kummer vertraut ... und wir schätzten ihn nicht. *Nous n'en
avons fait aucun cas* .'

„Wenn ich heute Abend Trauer trage, ist es besser, die Gefühle
auszudrücken, die in den Tiefen meines Herzens sind. Ihr Volk, das zu
Großem fähig ist, geht in den Untergang. Überall liegt namenloses Elend,
verzweifelte Schreie von Frauen und Kindern ohne Verteidigung und der
Schande und dem schrecklichsten Elend ausgesetzt, und warum? Weil du Ihn
– Christus – wertlos gemacht hast. Ich trauere um deine Sünden, die Sünden
deines Landes; die Trunkenheit, die Ausschweifung, die Selbstsucht, das
Unrecht, das überall zu sehen ist; eure Ablehnung des Christus Gottes, des
Retters der Welt. Das erfüllt mich mit Trauer, und wenn es nicht aufgegeben
wird, wird es die Strafen Gottes über euch bringen."

So entlastete sie ihre Seele und begann nicht einen dreiwöchigen, sondern
einen zweimonatigen Feldzug, der vom ersten Augenblick an – in so
seltsamem Kontrast zu den turbulenten Eröffnungen in Havre und Rouen –
von wunderschöner Ehrfurcht und Feierlichkeit geprägt war. Die Dienste
der Polizei wurden während der gesamten Zeit nie in Anspruch genommen.
Jede Woche fanden vier oder fünf Abendtreffen statt, zusätzlich zu
Nachmittagstreffen, *Salontreffen* und Mitternachtsessen. Ganz Brüssel wurde
bewegt. Ein bedeutender Staatsmann sagte zum Marschall : „Jeder wurde

hier lächerlich gemacht, außer Ihnen. Der Spott tötet alles; Sie haben den Spott getötet."

Während der Mission schrieb sie an ihren Vater: „Das Wirken Gottes hier in Brüssel ist wunderbar . Gestern Abend war der Konzertsaal überfüllt und viele wurden an der Tür abgewiesen. Die Stille, die Aufmerksamkeit ist ungebrochen.", und es gibt Überzeugung unter allen möglichen Menschen. Weltliche und katholische Zeitungen sprechen wunderbar von uns. Vier Zeitschriften haben mir Leitartikel gegeben. Lobe Gott, es ist alles Sein Werk! Heute Morgen hatte ich ein Gespräch mit einem Senator, der gerade anwesend ist der Vorsitzende der Partei des Fortschritts hier, und er sagt, dass die Bewegung die bemerkenswerteste ist, „die die Stadt seit hundert Jahren gesehen hat, und dass die Auswirkungen tiefgreifend und erstaunlich sind." Ein anderer Senator hat mir 20 Pfund geschickt. Ich fühle mehr als Ich sollte immer weitermachen und den Kampf vorantreiben. Wir werden in der Lage sein, etwas Außergewöhnliches zu leisten und Belgien auf eine neue Grundlage zu stellen."

Der erste Senator, auf den sich der Brief bezieht, war M. le Jeune , der dem Maréchale sagte :

„Die Bar, die Künstlerwelt, die Gesellschaft, Katholiken und Protestanten – sie alle sind gekommen, um Ihnen zuzuhören. Sie sind universell, Madame."

„Ja", antwortete sie, „der Christus ist universal."

Während dieser zwei Monate hatte sie täglich Interviews mit Männern und Frauen, die unter der Last aller Arten von Sünden erdrückt wurden – eine Last, die so schwer auf ihrem eigenen Geist lastete, dass sie manchmal, anstatt eine Ansprache zu halten, nur auf die Knie fallen und weinen konnte an Gott, um alle Sünden zu vergeben, die aus dem Herzen des Menschen kommen – Morde, Ehebruch, Diebstähle, Unreinheit, Lügen, Gotteslästerungen – die ihr alle bekannt waren.

Es war eine Zeit wunderbaren spirituellen Segens für alle ihre Kameraden, die wie sie buchstäblich „für die Menschen lebten". Einer von ihnen sagte: „Wir sind mit Ihnen in diesen Wochen so gewachsen wie in zwanzig Jahren."

Vor tausend Männern der Brüsseler *Elite* hielt sie eine Ansprache zum Thema „Die größte Ungerechtigkeit des Jahrhunderts", die später veröffentlicht wurde. Es war der traurige, zärtliche und leidenschaftliche Protest einer Frau gegen die Sünden des Mannes in einer Stadt, die zwölftausend sogenannte *Filles de Joie hatte* , viele davon in den zartesten Jahren. Einer ihrer Zuhörer , ein typischer Brüsseler Mann von Welt, bedeckte sein Gesicht mit einer Hand, an der ein Diamantring aufblitzte, und zitterte vor tiefem Schmerz und schluchzte: „Ich bin ein Aussätziger – verdammt schon!" „Madame", sagte ein Redakteur, „sie würden jeden anderen beschimpfen, der ihnen so etwas sagt. Sie ertragen es von Ihnen, weil sie das Gefühl haben, dass Sie sie lieben."

Eines Tages erhielt sie eine Einladung zum Essen mit einem Dutzend Anarchisten. Ihre Kameraden erzählten ihr von der Gefahr von Bomben usw., aber sie ging hin und wurde viele Jahre später von einem englischen Geistlichen gefragt: „Wie sind Sie in eine solche Gesellschaft gekommen?" Sie antwortete: „Extreme treffen aufeinander."

„Du bist also gekommen, um mit uns zu reden", sagte Elisée Einsiedler[3] mit einem Lächeln, „der Rechtfertigung durch den Glauben und der Heiligung durch den Glauben" usw.

[3] Als Anarchist aus Frankreich verbannt, war er Professor in Brüssel geworden. Er war als evangelischer Pfarrer ausgebildet worden. Er war der größte Geograph der Neuzeit, der Autor von *„Une nouvelle géographie"* . *universelle* (19 Bde.).

„Oh nein, nein! Ich spreche nicht über Lehren. Sie haben mich in meinem Leben nie beunruhigt. Mir geht es nur um die Realität. Sie haben gelitten; auch ich habe gelitten. Beginnen wir dort und vergleichen wir unsere Erfahrungen. Einige von Ihnen haben es getan war im Gefängnis; ich war im Gefängnis. Du wurdest verbannt; ich auch . Du hast über die Ungerechtigkeit und Grausamkeiten der Welt geweint; so habe ich geweint, so weine ich."

Und so fanden sie eine gemeinsame Basis und stimmten in ihrer Diagnose der Krankheiten der Gesellschaft überein; Unterschiedlich ist nur das Mittel. „Sie glauben an die Anarchie", sagte der Marschall . „Einer von Ihnen sagte bei einem meiner Treffen, dass Anarchie die schönste aller Religionen sei. Ich kenne einen besseren Weg – einen kürzeren Weg, um die Welt besser zu machen. Sie werfen Ihre Bomben, um Leben zu zerstören; wie können Menschen bekehrt werden?" wenn ihre Köpfe weg sind? Christus sagte: „Folge mir nach Golgatha!" Er vergoss sein *eigenes* Blut. Das von niemand anderem . Er befiehlt uns, die Welt zu retten, indem wir uns selbst verleugnen und das Kreuz auf uns nehmen."

An diesem Abend fuhr Elisée Recluse sie in seiner Kutsche zu ihrem Treffen im *Salle Harmonie* , und in ihrem kleinen Vorzimmer beteten sie gemeinsam.

Ein Brüsseler Bildhauer bat die Marschallin , für ihn in ihrer *Robe de Bure* zu posieren , doch sie lehnte ab. Renée Gange , die Heldin der belgischen Sozialisten, veröffentlichte, nachdem sie sie vor tausend Augen leidenschaftlich umarmt hatte, ein bezauberndes Federporträt „dieser rätselhaften Frau", in dem sie sie mit einer heiteren, ruhigen Statue vergleicht, die *fast* lächelt. „Die feine und schlanke Gestalt der Marschallin wird noch lange eine der merkwürdigsten und seltsamsten Erscheinungen inmitten unserer Gesellschaft der Geldverdiener und Maschinenbauer bleiben."

Der Prophet, der Mystiker, der Heilige wird für die Kunst und Wissenschaft immer ein Mysterium sein, ganz zu schweigen von der Sünde und dem Egoismus der Welt. Diese Wahrheit wurde von einem Autor in *L'Art treffend zum Ausdruck gebracht moderne* von Brüssel. „Die Marschallin versucht nicht, irgendetwas zu ‚demonstrieren‘. Ich habe gesehen, wie sie ein wenig mit den Schultern zuckte und lächelte, wenn jemand mit ihr argumentieren oder diskutieren wollte. Sie könnte es tun, denn sie ist intelligent und *intuitiv*. Aber ihr Glaube „demonstriert" sich nicht. Es lebt und dehnt sich aus. Es bestätigt sich selbst. Und diejenigen, von denen es mittlerweile zahlreiche gibt, die über ein gewisses psychologisches Fingerspitzengefühl verfügen, haben gespürt, dass diese Frau etwas Mächtigerem gehorchte als sie selbst. Vielleicht ist sie das glückliche und unbewusste Instrument eines expansive Kraft zu sehr ignoriert, zu wenig anerkannt und befolgt, so notwendig für unsere Erhaltung wie das Gesetz der Selbsterhaltung selbst.... Ihre Adressen sind weder abgewogen noch ausgewogen. Aber sie haben die Farbe , das Leben, die starke Suggestivität, die bewegende Aufrichtigkeit einer Inspiration, die von einem Menschen kommt, von dem man nicht weiß , woher er kommt, von über uns, von außerhalb von uns – geheimnisvolle Impulse ewiger Dinge."

KAPITEL XIV

ZU DIR SELBER TREU SEIN

Im Jahr 1902 trennten sich die Marschallin und ihr Mann von der Heilsarmee. Was die Ursachen betrifft, die dazu geführt haben, so ist es ihr vereinter Wunsch, dass nichts gesagt wird, was das gute Gefühl zerstören könnte, das immer bestand und immer noch zwischen ihnen und Tausenden ihrer alten und geliebten Kameraden in dieser Organisation besteht.

Es gibt diejenigen, die die Marschallin in dieser Angelegenheit falsch eingeschätzt haben, weil sie diesen Schritt zum persönlichen Vorteil und ohne gebührende Rücksicht auf die Auswirkungen auf ihren Vater und sein Werk unternommen habe. Wie wenig kennen sie die Wahrheit. Für jemanden, der die Korrespondenz dieser Tage und aller anderen Tage danach gelesen hat, der im inneren Kreis des Hauses zugeschaut und die vertraulichsten Gespräche belauscht hat, könnte nichts ein so schockierender Verstoß gegen die Wahrheit sein, als diese hingebungsvolle Tochter zu beschuldigen entweder aus elterlicher Missachtung oder aus eigenwilliger Gleichgültigkeit gegenüber dem Wohlergehen des Reiches Christi. Dieser Schritt kostete die Marschallin Herzblut .

„Katie", sagte der General im Bahnhof Victoria, als sie ihre zweite Reise nach Frankreich antrat, „Sie haben bemerkenswerte Instinkte; folgen Sie ihnen, und Sie werden nie etwas falsch machen." Zwanzig Jahre später wurde ihre Freundin Mlle. Constance Monod, die Tochter des großen französischen Predigers, schrieb ihr: „Ich möchte Sie bitten, sich selbst zu vertrauen, Ihrem göttlichen Instinkt zu vertrauen, den Gott so wunderbar in Ihnen entwickelt hat."

Vererbung, Ausbildung und Erfahrung hatten ihr die Instinkte einer prophetischen Seelensiegerin verliehen. Die Gnade Gottes hatte ihr einen Geist der Weisheit und Offenbarung verliehen. Ihre Intuitionen waren zugleich ihre Stärke und ihre Sicherheit. Ihre instinktive Liebe zum Wahren, Schönen und Guten, ihr instinktiver Hass auf das Falsche, das Schmutzige und das Egoistische bildeten den Prüfstein, zu dem sie alles im moralischen, sozialen und religiösen Leben Frankreichs brachte. Große Scharen der *Elite* von Paris und anderen Städten, die technisch weitaus besser ausgebildet waren als sie, kamen und setzten sich zu ihren Füßen, weil sie sich der Autorität des Christusgeistes in ihr beugten. Und ihre Instinkte des Mitgefühls für arme, kranke und leidende Seelen lockten Scharen, die außerhalb des Bereichs der Kirche standen, zum Erlöser .

Sie behauptete immer, dass sie ihre Mission als einfaches englisches Mädchen erfüllte und nur das tat, was jedes andere Mädchen mit den gleichen

Möglichkeiten und dem gleichen Glauben getan hätte. In den Reinheits- und Rechtschaffenheitsinstinkten einer Frau steckt eine göttliche Kraft, die die Niedrigkeit der Männer in den Schatten stellt. Viele glauben, dass diese Macht der Hauptfaktor für die Erlösung der modernen Kirche und der modernen Gesellschaft sein wird. Unser Zeitalter braucht Deborahs und Huldahs mit ihren göttlichen Instinkten. Das Hohelied erzählt, wie ein einfaches hebräisches Mädchen, verführt von der Herrlichkeit der Welt, aber stark in ihrer Leidenschaft heiliger Liebe, die wunderbare Zuschreibung verdiente: „Schön wie der Mond, klar wie die Sonne, *schrecklich wie eine Armee mit Bannern.*"." Wenn die christliche Weiblichkeit des 20. Jahrhunderts dieses Niveau erreicht, wird die Zukunft des Reiches Gottes weitaus glorreicher sein als seine Vergangenheit.

Der Instinkt der Marschallin für das Schöne in der Natur und in der Kunst machte zweifellos einen nicht geringen Teil ihres Charmes für die lateinamerikanischen Völker aus. Sie betrachtete die ganze Herrlichkeit des Himmels und der Erde mit den Augen eines Dichters. Während ihres frühen, bewegten Evangelisationslebens in England nahm ihr Vater sie einmal mit auf eine Tour durch die Trossachs Schottlands, und die Erinnerung an diese Vision von Schönheit im Alter von sechzehn Jahren verfolgte sie bis heute wie eine Leidenschaft. „Lass mich hier bleiben!" Sie sagte zum General, dessen Antwort, einen Soldaten zu den Waffen zu rufen, ihr ebenfalls in Erinnerung blieb: „Männer sind interessanter als Landschaften." Auch wenn sie im Jenseits kaum Urlaub machte, so lag es nicht daran, dass sie nicht manchmal nach den Flügeln einer Taube seufzte, damit sie davonfliegen und zur Ruhe kommen könnte. In ihr herrschte ein lebenslanger Konflikt zwischen dem Natürlichen und dem Asketen.

Sie hatte nie Zeit gehabt, sich einer Kunst außer der Musik zu widmen, aber ihr Gespür für alles Schöne in Form, Farbe und Klang war exquisit, und sie wurde ohne Studium in mindestens einem Bereich zu einer herausragenden Künstlerin. Zur Zeit der Krönung von Königin Wilhelmina von Holland gab es eine große Ausstellung über alles, was Frauen in der modernen Welt tun können. Eine Abordnung wartete auf die Marschallin und bat sie, zusammen mit zwei anderen bekannten Rednern eine Ansprache zu halten. Sie stimmte ihrem Kommen zu, vorausgesetzt, dass sie ihr Thema selbst wählen durfte. Die Zustimmung wurde bereitwillig erteilt und sie hielt eine Ansprache auf Französisch darüber, was Christus für die Frau und was die Frau für Christus getan hat. Sie machte sich keine Gedanken über die Art der Übergabe; Sie erkannte lediglich , dass sie eine einmalige Gelegenheit hatte, ihren Erlöser vor einem großartigen Publikum zu verkünden. Sie hatte noch nie in ihrem Leben eine Unterrichtsstunde in Sprechtechnik erhalten, und wenn sie dies getan hätte, wäre es ihr vielleicht wie ein böser Rückschritt vorgekommen. Aber sie wurde mit der Palme der Beredsamkeit ausgezeichnet.

Auch wenn ihre schulische Ausbildung etwas mangelhaft war, ließ sie sich bei ihrer späteren Selbsterziehung wunderbar von ihren Instinkten leiten. Während ihrer Amerikareise wurde sie eines Tages von drei weißhaarigen Professoren mitgenommen, um die größte Bibliothek der USA zu besichtigen. Ihr unkultivierter Geist war von der Fülle an Wissen verwirrt. „Sicherlich", sagte sie, „muss es bei den Schülern Verzweiflung hervorrufen!"

Einer ihrer Führer befragte sie nach ihren eigenen Lieblingsbüchern .

„Nun", antwortete sie, „ich war noch nie eine Leserin; ich glaube, ich habe nur zwei."

„Was könnten das sein?"

„Einer von ihnen, wissen Sie."

„Ja, die Bibel; was ist die zweite?"

„Das Herz des Menschen. Ich bin immer dabei, zu Land und zu Wasser, auf der Straße und in Eisenbahnwaggons, morgens, mittags und abends. Es hilft mir bei meinem ersten Buch besser als jeder Kommentar."

Sie lernte die Bibel mit einer Gründlichkeit kennen, die kein einziger von zehntausend Menschen jemals erreicht. Ihr spiritueller Instinkt erfasste das Lebenswichtige und Wesentliche und ihr außergewöhnliches Gedächtnis bewahrte es. Sie hat die Bibel nie auf die übliche Art und Weise studiert und sich mit Lexikon und Konkordanz beschäftigt. Dafür war in ihrem geschäftigen Leben keine Zeit. Sie nahm ihre spirituelle Nahrung aus der Bibel, während die Biene Honig von Blumen schlürft. Die Bibel war ihr Begleiter und sie las sie zum Vergnügen. Sie nahm es mühelos auf und assimilierte es. Dass sie vieles davon auswendig kannte, war weniger wichtig als die Tatsache, dass es Teil von ihr selbst wurde. Darin lag ihre Fähigkeit, es zu erklären und anzuwenden. „Nichts", sagte Dr. Munroe Gibson, nachdem er ihr eine Woche lang jeden Abend zugehört hatte, „hat unser Volk mehr bezaubert als ihre Auslegungen der Heiligen Schrift."

Die Wahrheiten, nach denen sie lebte, kamen ihr intuitiv. Ihre Religion bestand nicht aus Geboten und Dogmen. Es war Leben, Licht, Freiheit und vor allem Liebe. Sowohl bei dem, was sie akzeptierte als auch bei dem, was sie ablehnte, handelte sie instinktiv – sie konnte nicht anders. Sie hatte eine Abneigung gegen religiöse Kontroversen. Argumente machten kaum oder gar keinen Eindruck auf ihr Gemüt. Manchmal wurde sie mit theologischen Lehren überhäuft, deren Wahrheit sie weder bestätigen noch leugnen konnte, aber am Ende kam sie mit der naiven Bemerkung heraus: „Ich bin ein sehr einfaches Kind, und ich muss eine Kinderreligion haben." Sie vertrat immer die Auffassung, dass die Religion Christi für die Menge da sei und dass die

Menge Kinder seien. Jungen und Mädchen, die nicht lesen und schreiben können, können die Essenz des Christentums assimilieren und zu Heiligen und Erlösern werden . Ein Blick auf die vielgenutzte Bibel der Marschallin genügt, um zu beweisen, dass für sie das Herz des Alten Testaments in Hosea, dem Propheten der Liebe, und Jesaja, dem Propheten der Versöhnung, liegt, während das Herz des Neuen Testaments in der Geschichte des Herrn liegt zurückkehrender Verschwender oder die reuige Magdalena.

Genie ist nie leicht zu verstehen. Seine Schwäche hängt oft mit seiner Stärke zusammen. Es hat das, was die Franzosen die Mängel seiner Qualitäten nennen. Ein großer Teil der Macht der Marschallin lag sicherlich in ihrer kindlichen Demut. Als Seelengewinnerin wirkte sie nie herablassend. Sie musste sich nicht bücken; Von Natur aus und aus Gnade war sie sanftmütig und von Herzen demütig. Was viele arme Sünder zu ihr hinzog, war ihre Zusicherung, dass sie ihre Geschichten über Sünde und Leid mit menschlichem Mitgefühl hören würde. Bei einem ihrer Mitternachtsessen sagte eine Französin zu ihr: „Ich habe all die Jahre hier versucht, diese armen Mädchen zusammenzubringen. Wie kommt es, dass es dir gelingt, wo ich versage, sie dazu zu bringen, dir ihre Herzen zu öffnen?“

„Vielleicht“, sagte der Marschall , „liegt es daran, dass ich ihnen nicht das Gefühl gebe, dass zwischen ihnen und mir ein Unterschied besteht.“

Mit ihrer Demut war ein gewisses Maß an Selbstmisstrauen verbunden. In ihr, wie auch in ihrem Vater, dem sie sowohl im Geiste als auch in den Gesichtszügen so sehr ähnelte, herrschte eine außergewöhnliche Kombination von Selbstvertrauen und Zurückhaltung. Diejenigen, die den General am besten kannten, sagten früher, dass er, obwohl er eine Armee befehligte, sich bei seinem Koch entschuldigte. Und wenn die Marschallin über einen großartigen moralischen Mut verfügte, wie ihre Art, mit feindlichen Massen umzugehen, deutlich unter Beweis stellte, besaß sie auch eine weibliche Schüchternheit, in der eine gewisse subtile Gefahr lag. Solange sie an ihre von Gott gegebenen Instinkte und an die individuelle Führung des Heiligen Geistes glaubte, war sie unbesiegbar, aber wenn sie irgendetwas untergrub, war ihre Kraft vorerst gelähmt . Die Kritik der Welt kümmerte sie wenig oder gar nicht, aber die wahre Liebe und das Verständnis ihrer Kameraden waren für sie wie der Atem des Lebens. Sie war immer bestrebt, von ihnen zu lernen, und manchmal ließ sie zu, dass das Urteil anderer ihre spirituellen und weiblichen Intuitionen trübte.

Sie saß zu Füßen dieses oder jenes Lehrers, der mit der Miene von Weisheit und Autorität sprach, obwohl in neun von zehn Fällen das Verhältnis von Lehrer und Lehrer hätte umgekehrt werden müssen. Ihre Instinkte machten sie in der Regel zu einer schnellen und unfehlbaren Unterscheidungskraft von Geistern, aber es gab Ausnahmefälle, in denen es fast untreu erschien, „die Geister zu prüfen, ob sie von Gott sind". Einer ihrer lebenslangen Freunde, Mr. WT Stead, der auf der unglückseligen *Titanic unterging* , kannte beide Seiten ihres Charakters – ihre löwenartige Kühnheit und ihre taubenartige Sanftmut. Er pflegte zu erzählen, wie sie eines Tages in das Büro der *Pall Mall Gazette eindrang* und ihn mit der ganzen kategorischen Autorität ihres Wesens und ihrer Mission, sich aus der Politik zurückzuziehen und den *Kriegsschrei herauszugeben, zu sich rief* . Dennoch sagte er immer mit einer Ernsthaftigkeit zu ihr, die nicht ganz vermutet wurde: „Du bist durch deine Demut verdammt!"

Es ist bekannt, dass der Ehemann der Marschallin eine Zeit lang an Dr. Dowie glaubte , den Schotten, der Zion City neben Chicago gründete. Als er feststellte, dass bestimmte Lehren wie die Glaubensheilung, der Zweite Advent und die Entrückung der Heiligen, die für ihn wie für Tausende andere von entscheidender Bedeutung waren, treu von jemandem gepredigt wurden, der behauptete, der zweite Elia zu sein, der Herr Booth- Clibborn , der Vorläufer Christi, wurde Mitglied der christlich-katholischen Kirche. Da er vor seinen zwanzig Jahren treuer Dienst in der Heilsarmee Quäkerminister war, hegte er auch die Hoffnung, den Zionismus zu vervollkommnen, indem er ihm seine eigenen Friedensprinzipien hinzufügte.

Die Marschallin konnte Dr. Dowies Behauptungen nicht akzeptieren, aber in ihrem starken Wunsch nach Familieneinheit stimmte sie zu, mit ihrem Mann nach Zion City zu fahren und ihre beiden ältesten Töchter, Evangeline und Victoria, damals vierzehn und dreizehn Jahre alt, und ihr Baby mitzunehmen Josephine, die erst vier Monate alt war, war bei ihr. Sie blieben dort vier Monate, Juli bis Oktober 1902.

Das Tagebuch und die Briefe, die sie während dieses Besuchs schrieb, gehören psychologisch und spirituell zu den interessantesten menschlichen Dokumenten, die ich je gesehen habe, und geben ausreichend Aufschluss über ihre Geisteshaltung zu dieser Zeit. Aber lassen Sie uns, abgesehen von ein oder zwei Zwischenfällen und Auszügen, einen Schleier über die dunkle Seelenangst, die Qual der Unsicherheit und die Tiefen der Verzweiflung ziehen, die sie damals durchlebte.

Sie flehte Dr. Dowie an , ihren Mann zu nehmen und ihn ohne sie zum Priester zu weihen, aber er weigerte sich entschieden, dies zu tun.

Der folgende Absatz aus ihrem Tagebuch zeigt, in welcher schmerzhaften Lage sie sich befand. Über einen freundlichen Berater sagt sie: „Er sagte, da ich die Ehefrau sei, liege die Verantwortung bei meinem Mann, und ich müsse ihm zur Seite stehen, auch wenn er einen Fehler machte, und Gott würde mir vergeben, wenn es ein Fehler wäre." ." Die Art, wie er die Sache betrachtete, überraschte mich so sehr, dass ich den Schlüssel meines Herzens umdrehte.

An eine ihrer liebsten Freundinnen schrieb sie einen langen Brief, der wie ein Schrei aus der Tiefe war: „Ich neige nicht leicht zur Entmutigung oder Verzweiflung, aber meine Position muss Engel zum Weinen bringen, wenn sie weinen können. Ich kann mich nicht dazu durchringen." Akzeptiere Dowie, so viel in ihm verstößt gegen die höchsten spirituellen Instinkte, die ich habe ... Der äußere Druck von mir überzeugt mich nicht. Ich habe auf der ganzen Linie nachgegeben, und jetzt bin ich hier ... aber ich bin nicht verzweifelt. Das war ich. Mir kommt es vor, als würde Gott, der die lange Qual gesehen hat, selbst die Tür öffnen. Ich kann in dieser Richtung nicht weitergehen.... Ich habe Angst vor allem. Ich war noch nie so unsagbar unglücklich in meinem Leben, niemals. Oh, wirst du mir nicht helfen?"

Eines Tages griff der Prophet einige bekannte Evangelisten seiner Zeit an. Bald begann er gegen die Heilsarmee zu wettern und beschuldigte den General, die Sünden der Reichen nicht zu tadeln. Die Marschallin sprang auf, blickte den Propheten mit ausgestrecktem Finger und blitzenden Augen an, ein Bild empörter Gerechtigkeit, und rief: „Das ist eine Unwahrheit! Kein Mann hat die Reichen treuer zurechtgewiesen als mein Vater, und das ist feige." Sie sollen einen Mann angreifen, der nicht hier ist, um sich zu verteidigen. Der Prophet zitterte sichtlich unter der vernichtenden Zurechtweisung. Es war das erste Mal, dass ihm jemand bis ins Gesicht widerstand. Mit einer Stunde donnernder Reden versuchte er, den Eindruck, den er auf das große Publikum gemacht hatte, zu verwischen, aber dieses Mal war er offensichtlich schachmatt.

Schließlich forderte Dr. Dowie sie und ihren Mann auf, sich zurückzuziehen, da er erkannte, dass er den Widerstand der Maréchale nicht überwinden konnte und dass ihre unwillige Anwesenheit in der Stadt ein beunruhigender Faktor für sein Volk war. Herr Booth-Clibborn, an dessen absoluter Aufrichtigkeit es keinen Zweifel geben kann, war zutiefst enttäuscht darüber, dass er Zion den Rücken kehren musste, das für ihn als Heilsarmee in seinen Anfängen zu einer Lebensaufgabe geworden war, und wenn nicht muss ein Traum sein.

Die Belastung für die Marschallin war so groß gewesen, dass sie bei ihrer Ankunft in England völlig erschöpft war. Zwei alte Cousinen ihres Mannes, die Misses Susan und Esther Bell, pflegten sie in Eastbourne und erweckten sie wieder zum Leben. Dann folgten zwei dunkle, stille Jahre in Brüssel. Der Marschall suchte einen Freund und fand keinen. Die ganze Welt glaubte, dass sie sich „Zion angeschlossen" hatte. In den französischen Zeitungen hieß es, sie habe die Prinzipien, für die sie einst gekämpft hatte, verbrannt (*brulé*). Ihre Tochter Victoria, die in diesen Jahren des einsamen Kummers bei ihr war, schreibt: „Allmählich verließen sie ihre Kräfte. Sie litt stumm und hoffte vergeblich auf Erlösung. War das die Marschallin , die ihre Armee in die Schlacht geführt hatte und sich der heulenden Menge gestellt hatte?" mit einem Lächeln im Gesicht? Ihr Kummer hatte ihren Mut zerstört und ausgehöhlt, was der Sturm der Verfolgung nur noch verstärkte."

Ihre Kinder standen vor dem Hungertod; Eine weitere schreckliche Krankheit, die durch die häusliche Pflege verursacht wurde, stürzte sie nieder; ihr Geist war von der quälenden Anstrengung der Jahre erschöpft; und sie konnte es nicht länger aushalten. In einem „blinden Glauben, ohne Überzeugung" wurde sie in die Zion-Kirche aufgenommen. Gebrochen am Rad des Lebens, zu lange auf der Folterbank dieser harten Welt, akzeptierte sie – wie Savonarola und Galileo, wie Cranmer und Jeanne d'Arc – ein fremdes Glaubensbekenntnis, ohne dass ihre Vernunft überzeugt werden konnte oder ihr Herz siegte.

Aber – wieder so – nicht mehr lange. Ihre Befreiung erfolgte auf überraschende Weise. Kurz nach ihrem Umzug mit ihrer Familie nach Paris begann ihr Mann an den Folgen einer vernachlässigten Grippe zu leiden, die sich in seinem Knie festsetzte. Getreu seinen Grundsätzen weigerte er sich, einen Arzt aufzusuchen. Als er am Rande des Todes stand, holte der Marschall einen Arzt in Gestalt eines Freundes. Der Fall des Kranken galt zunächst als aussichtslos, aber drei der besten Chirurgen von Paris wurden eilig gerufen, führten vier Operationen durch und retteten ihm das Leben, ließen ihn jedoch für den Rest seiner Tage verkrüppelt zurück.

Die Entlassung von Herrn Booth- Clibborn erfolgte wie selbstverständlich. Er hatte gegen die strengsten Gesetze Zions verstoßen, indem er die Hilfe einer Operation akzeptierte. Zwei seiner eigenen Konvertiten, jetzt Anhänger von Dr. Dowie , drangen in das Krankenzimmer ein und überreichten ihm das schicksalhafte Dokument. Einige Zeit später schrieb er: „ Dowie war einst ein guter Mann. Der Teufel war es auch. Dowie fiel durch dieselbe Sünde – Stolz." Zusätzlich zu einer Erklärung, die in vier Ländern veröffentlicht wurde, hat er kürzlich die folgende schlüssige Aussage gemacht: „Ohne mich hätte die Marschallin nie etwas mit Dr. Dowie zu tun gehabt . Wenn sie sich ihm näherte, geschah dies stets unfreiwillig." Sie litt unter unsäglicher Angst, Schmerz und Kummer aufgrund der Tatsache, dass alle ihre Instinkte sowie das Bewusstsein ihres wahren religiösen Interesses von Anfang an gegen Dr. Dowies spirituelle Persönlichkeit, seine Verhaltensweisen, seine Ansprüche und seinen Regierungsstil waren . Wenn sie in einer Art Verzweiflung mit mir hineinging, war sie zwar darin, aber nicht davon. Es wurde nie gesucht, es wurde ertragen. Der einzige Trost im Erdulden war die Möglichkeit, ein wenig Gutes zu tun Mittlerweile den Menschen darin zu helfen und letztendlich dabei zu helfen, mir die Augen zu öffnen.

Kapitel XV

SURSUM CORDA!

Alle Zuhörer der Marschallin erinnern sich an ihren durchdringenden Blick. Niemand begegnete jemals ihren Augen und sah, wie sie sich veränderten. Tausende hatten das Gefühl, als würde sie durch alle Verkleidungen in ihre Seelen blicken, und ihr spitz zulaufender Zeigefinger hat oft die tapfersten Wachteln zum Wanken gebracht. „Die ganze Nacht hindurch", schrieb eine verurteilte Sünderin, „sah ich, wie ihr Finger direkt auf mich zeigte." Und man ist sich sicher, dass ihr Blick nie direkter, nie suchender war als wenn er nach innen gerichtet war. Sie hatte schon immer eine Leidenschaft dafür, die Dinge so zu sehen, wie sie sind, insbesondere die Dinge des Geistes.

Wir sind daher nicht überrascht über ihre oft wiederholten Worte: „Diese Erfahrung hat mich gelehrt, wie töricht es ist, den von Gott gegebenen Instinkt zu verletzen und zuzulassen, dass das innere Licht des Heiligen Geistes Gottes vom Menschen verdunkelt wird. Wenn ich mich mit dem vergleiche, was ich war in der Vergangenheit, in vielerlei Hinsicht scheint es, als wäre diese Person tot!"

Angezogen von den Fesseln der Liebe, gehalten von Banden, die zu heilig sind, um gebrochen zu werden, getragen von Jahren der Armut und Krankheit und schließlich in einer Art Trance, mehr tot als lebendig, stolperte einer der treuesten und mutigsten Diener Gottes blind weiter Sie befand sich für eine Zeit der Qual in einem spirituellen Gefängnis, aus dem es kein Entrinnen zu geben schien.

Ihre größte Gefahr lag in einer Art fatalistischer Unterwerfung, die eine dauerhafte Untreue gegenüber ihren eigenen Idealen und Überzeugungen sowie die Aufgabe ihrer Berufung bedeutet hätte. Sie las die Briefe von Père Didon , dessen heldenhafte Annahme seines Schicksals sie dazu veranlasste, ihre Individualität zu verlieren. Und man kann die außerordentliche Qual ihrer Position nicht verstehen, wenn man nicht erkennt , dass ihr Geist oft zum Schauplatz des Konflikts zwischen den scheinbar unvereinbaren Ansprüchen des häuslichen und des apostolischen Lebens gemacht wurde. Und doch sagte Pater Hyacinth einmal in Paris zu ihr: „Du bist die einzige Frau, die ich je getroffen habe, die die Berufung einer Mutter mit der eines Apostels in Einklang gebracht hat." An dieser Stelle mag es angebracht sein zu sagen, dass die Gebete von Vater und Mutter durch die Bekehrung ihrer zehn Kinder erhört wurden, die sich aus freien Stücken dem Dienst Christi geweiht haben. Vier Söhne und drei Töchter engagieren sich bereits aktiv in der Evangelisationsarbeit und wurden von Gott für die Bekehrung vieler Seelen eingesetzt.

Um die Marschallin wieder in die Freiheit zu führen, bediente sich Gott der Stimmen der Natur, der Kinder und der Freunde.

Sie hatte schon immer das sensible Ohr einer Dichterin für die tausend Lobpreisstimmen der Erde gehabt, und als sie an einem Frühlingsmorgen in einem Garten saß, schrieb sie: „Die Vergangenheit, wer Recht oder Unrecht hatte, soll begraben werden. Die Toten sollen ihre Toten begraben." Lass es, und diese schöne Frühlingsflut lasst uns von vorne beginnen. Die Krokusse und Schneeglöckchen in diesem schönen Garten sagen alle: ‚Neues Auferstehungsleben!'"

Die Stimmen ihrer eigenen Kinder riefen sie mitten in den alten spirituellen Kampf zurück. „Jetzt zu den Kindern", schrieb sie; „Sie müssen alle etwas Erlösungswerk sehen, und sie werden den Glanz des himmlischen Feuers spüren. Es wird sie wärmen und etwas sagen, das weit mehr sagt als alle Bibellektionen der Welt." Ihre ältesten Töchter, damals Mädchen von sechzehn und fünfzehn Jahren, aber mit einer Weisheit, die weit über ihr Alter hinausging, drängten sie buchstäblich in den Krieg, und wenn sie jemals nicht in der Lage war, mitzugehen, schnallten sie ihre Rüstungen an und nahmen ihren Platz ein. „Mutter schreibt mir", schreibt Victoria in ihr Tagebuch, „dass Evangeline am Sonntag ein wunderschönes Treffen abgehalten hat, weil sie selbst zu krank war, um hinzugehen. Arme Mutter, es fällt ihr schwer, ihren Mut zu bewahren." Diese fünfzehnjährige Tagebuchschreiberin philosophiert über die Bedeutung des Kummers ihrer Mutter. „Jeder kann verstehen, warum Gott die Menschen auf der Welt, die Ungläubigen, die Selbstsüchtigen, die Gleichgültigen, leiden lässt. Es geht darum, sie durch Enttäuschungen in der Welt, in sich selbst und in anderen zu sich selbst zu bringen. Aber warum lässt Er die Seinen zu? Kinder, die Ihn lieben, diejenigen, deren größter Wunsch es ist, Ihm zu dienen – warum Er zulässt, dass sie leiden, ist ein Rätsel. Vielleicht geht es darum, sie in eine noch engere Gemeinschaft mit Ihm zu bringen, damit sie eins mit Ihm werden können – seinem Körper, Seele und Geist, ohne Vorbehalt."

Die Freunde der Marschallin halfen ihr, zu ihrem vorherbestimmten Werk der Seelengewinnung zurückzukehren.

In einer Zeit schrecklicher Stille, in der sie nie einen Anruf und kaum einen Brief erhielt, hatte sie nicht den Mut, einen ihrer alten Kameraden in Paris zu besuchen. Einmal, in ihrer großen Trauer, wollte sie zu einem mitfühlenden Freund gehen und ihr Herz öffnen. Zuerst konnte sie an niemanden denken, aber plötzlich erinnerte sie sich an eine bescheidene Arbeiterin, und als sie mit dem Zug nach Paris fuhr, stieg sie müde in den fünften Stock eines Hauses in der Villette, setzte sich in das kleine Zimmer dieser Frau und platzte in eine Flut von Tränen. Ihre Freundin versuchte, sie zu trösten, und da sie diesen leidenschaftlichen Kummer nicht ganz verstand, ließ sie sich in ihr eigenes Bett legen, während sie für sie ein köstliches kleines französisches Essen zubereitete.

Zwanzig Jahre zuvor, in einer dunklen Winternacht, ging die Marschallin auf dem Weg zu ihrem Treffpunkt am Quai de Valmy am Seineufer entlang. Sie bemerkte ein Mädchen, das auf das dunkle, kalte Wasser blickte, und eine Stimme sagte ihr, dass sie über Selbstmord nachdachte. Sie berührte ihren Arm und sagte:

„Schau nicht auf diese schwarzen, grausamen Gewässer. Komm mit mir und trink eine schöne Tasse Kaffee. Du scheinst in Schwierigkeiten zu stecken.“

Das Mädchen, dessen Gesicht dunkel und mürrisch war, sah sie misstrauisch an und sagte nichts. Der Marschall flehte sie sanft an, zu kommen und eine Dame singen zu hören.

„Sie singt wunderschön, und Sie werden Licht, Wärme und Trost finden und eine gute Tasse Kaffee trinken. Kommen Sie mit.“

Das Mädchen stimmte schließlich zu und kam. Sie hörte die Marschallin selbst singen. Sie saß während des gesamten Gottesdienstes da, ohne die Lippen zu öffnen, und mit einem harten Gesichtsausdruck. Am Ende trat der Marschall neben sie, fragte sie, ob ihr das Treffen gefallen habe, und sagte ihr ein paar Worte über die Güte Gottes. Bei der Erwähnung des Namens Gottes brach das Mädchen in leidenschaftliche Reden aus.

„Gott! Sprich nicht mit mir über Gott! Ich hasse ihn. Was hat er für mich getan? Warum hat er meine Mutter mitgenommen? Er kümmert sich nicht um mich. Wenn er es getan hätte, hätte er mich nicht geboren.“ Gefängnis. Was habe ich getan, um ein solches Leben zu verdienen? Es ist nicht meine Schuld.“

Doch während der Marschall mit ihr sprach und mit ihr betete, wurde das Herz des Mädchens weicher. Sie begann, die Zusammenkünfte zu besuchen und schenkte bald ihr Herz dem Herrn Jesus. In einem Gefängnis geboren und vor dem Selbstmord in der Seine gerettet, wurde sie ihrerseits zur besten Trösterin ihres Retters in einer Stunde größter Trauer.

Als die Marschallin nach langer Abwesenheit und Schweigen endlich den Mut fasste, England erneut zu besuchen, führten ihre Schritte zum Haus einer lieben Freundin und Seelenverwandten in Südlondon. Schon als junges Mädchen fühlte sich Mrs. Holman aus Jerviston zum ersten Mal von der Maréchale angezogen . Ihre Mutter hatte als Oberbürgermeisterin Miss Booth vor Beginn der Arbeiten in Frankreich eingeladen, bei einer Salonbesprechung in ihrem Haus eine Ansprache zu halten, und die unauslöschlichen Eindrücke, die an diesem Tag bei einem empfänglichen Geist entstanden, erwiesen sich als Inspiration für ein Leben voller Ruhe und hingebungsvoller Dienst Christi. Aber die Marschallin war so schüchtern und niedergeschlagen geworden, dass sie den Empfang fürchtete, der sie selbst im Haus einer lebenslangen Freundin erwarten könnte! Sie zitterte, als sie sich über Streatham Common schleppte . Sie setzte sich auf einen Stuhl und sprach – ihre vorherrschende Leidenschaft so stark wie immer – mit einem Bettler über seine Seele und fühlte dabei eine gewisse neue Verbundenheit mit allen Ausgestoßenen und Parias. Als sie vor der Tür ihrer Freundin stand, hatte sie kaum den Mut, zu klingeln, und wenn man ihr gesagt hätte, sie solle in die Küche gehen und mit den Dienern eine Tasse Tee trinken, hätte sie ganz einfach geantwortet: „Ja, ich werde gehen." ." Aber Mr. Holman selbst öffnete die Tür, und sein herzlicher Empfang und der Ausdruck vollkommenen Mitgefühls warfen alle ihre Ängste sofort in den Wind. Ihre Freunde dienten ihr als Engel. Sie pflegten sie wieder gesund, trockneten ihre Tränen und brachten sie zum Lächeln. Ihre kleine Tochter – heute eine der süßesten Sängerinnen Londons – besingte sie jeden Morgen und erweckte „den Halleluja-Vogel" wieder in ihrer eigenen Brust. Und Gott selbst tat inzwischen für sie, was selbst die besten Freunde nicht tun konnten – er schenkte ihr das Auferstehungsleben, belebte ihre Hoffnung neu, taufte sie erneut mit dem Geist, nicht aus Angst, sondern aus Kraft und Liebe, und zerstörte alles Fesseln gelegt und sie befreit – frei von der fesselnden Angst vor Männern, frei, dem göttlichen Ruf zu gehorchen, den sie schon als Kind erhalten hatte – dem pfingstlichen Ruf der Frau, für Christus, ihren einzigen Meister, zu prophezeien.

Aller An fang ist schwer , und die Schwierigkeiten, mit denen die Marschallin bei der Wiederaufnahme ihrer Arbeit konfrontiert war, reichten aus, um selbst das mutigste Herz in Ohnmacht fallen zu lassen. Wenn sie in der Vergangenheit eine Tapferkeit bewiesen hatte, die selbst die der Mutigsten übertraf, war das alles von geringer Bedeutung im Vergleich zu dem Heldentum, das jetzt von ihr verlangt wurde. In der Vergangenheit hatte sie die Hilfe ihres eigenen Volkes, ihrer spirituellen Kinder und einer starken Organisation im Rücken. Jetzt war sie völlig allein, Tausende auf der ganzen Welt hatten eine falsche Vorstellung von der Gesamtsituation, und viele glaubten sogar, sie habe mit ihrem Glauben Schiffbruch erlitten. In dieser einsamen Anfangszeit sticht ihre Tochter Victoria heraus. Mit bemerkenswert klarem Urteilsvermögen, Urteilsvermögen und Mitgefühl tröstete sie ihre Mutter und inspirierte sie mit ihrer eigenen enthusiastischen Hoffnung und ihrem lebendigen Glauben.

Der größte Dienst, den man der Marschallin erweisen konnte , bestand darin, sie aufzufordern, weiterzumachen, ihr Schicksal zu erfüllen und daran zu glauben, dass Gott sie erneut mächtig gebrauchen und segnen würde. Es mag wie eine Kleinigkeit erscheinen, zu sagen: „Sei guten Mutes", doch es war eine dieser „Kleinigkeiten", für die sie im Nachhinein zutiefst dankbar war.

Ich erinnere mich, wie sie eines Abends deprimiert in mein Arbeitszimmer in Chelsea kam und von den unlösbaren Geheimnissen des Lebens verwirrt war. Da ich mich fragte, was ihr die Last und die ermüdende Last erleichtern könnte, nahm ich Browning herunter und begann, „Rabbi ben Ezra" zu lesen, was für sie neu war. Aus den einleitenden Worten –

Das Beste liegt noch vor uns,

Das Letzte des Lebens, für das das Erste geplant war –

Bis zum großartigen Abschluss begeisterte *Sursum Corda* sie wie eine Botschaft direkt aus dem großen Herzen Gottes. Nur in einem Punkt wagte sie es, sich vom Dichter zu unterscheiden. „Er sieht seinen Himmel jenseits", sagte sie; „Ich will meine Seelen hier unten retten."

Sobald sie ihre Arbeit wieder aufnahm, erhielt sie als Belohnung überall Schilder, die ihr folgten. Türen öffneten sich für sie, zunächst in England, dann in Schottland, Irland und Wales. Sie brachte den Atem des Lebens in viele Kirchen, entfachte den Eifer vieler Mitarbeiter für Christus neu und sprengte die Ketten, die viele Seelen an eine böse Vergangenheit gebunden hatten.

Ihre eigene Erfahrung hatte ihr als Seelenärztin vielleicht ein tieferes Mitgefühl, eine sicherere Einsicht und eine größere Kraft gegeben, mit jeder Form des Bösen umzugehen, als je zuvor. Es wurde zu ihrer Mission, Menschen vor sich selbst zu retten, indem sie sie davon überzeugte, dass es nur eines wirklich wert ist, getan zu werden: wie Christus zu leben, indem man Christus in ihnen leben lässt. Es gibt sicherlich nur wenige Evangelisten, die das Leben so vieler Menschen in unserem Land verändert haben. Junge Damen, die die Klostermauern durchqueren, haben einen besseren Weg gefunden, indem sie den lebendigen Christus in ihr Herz aufgenommen haben. Schauspieler und Sänger haben ihre Gaben Christus und seinem Königreich geweiht. Junge Männer auf der Welt haben den Ruf Gottes gehört und beschlossen, in den Dienst einzutreten oder auf Mission zu gehen. Gottes Geschenk des Lebens hat vielen fragenden Augen seine herrlichen Möglichkeiten offenbart. Viele Menschen, die keinen Glauben hatten, haben eine andere sagen hören, dass sie Glauben für sie habe – einen Glauben, der irgendwie die Nebel des Zweifels und des Irrtums zerstreut und sie ins Sonnenlicht der göttlichen Liebe gebracht hat.

Gleichzeitig hat ihr immer tieferes Wissen über ihre beiden Bücher, die Bibel und das Herz des Menschen, sie zu einer einzigartigen Predigerin für Prediger gemacht. Eines Abends im Sommer 1907 kam in Keswick ein brillanter junger schottischer Geistlicher, der Mitglied einer großen Hausgruppe von

Geistlichen war, die an der jährlichen Versammlung teilnahm, spät zum Abendessen nach Hause.

„Entschuldigen Sie", sagte er, als er sich setzte, „aber ich konnte mich nicht von der Versammlung unter freiem Himmel auf dem Platz losreißen. Ich habe noch nie in meinem Leben eine solche Rede gehört. Ich stand wie gebannt da. Der Prediger war die Tochter von General Booth, und ich wusste bis heute Abend nicht, dass die englische Sprache eine so großartige Waffe ist. Ihre Predigten waren außergewöhnlich.

Am nächsten Tag wurde sie von Dr. Harry Guinness, ihrem Gastgeber, eingeladen, auf der Hausparty eine Ansprache zu halten. Ein weiterer anwesender Prediger hat seine Eindrücke niedergeschrieben. „Nach dem Tee stellten wir alle unsere Stühle im Kreis um sie auf, während sie einige heilige Kapitel in ihrem Leben aufschlug. Stunde um Stunde vergingen wie im Flug. Niemand dachte daran, zu den Zeltversammlungen zu gehen. Dort saßen wir gebannt und verbrachten einen langen Abend." Wir hatten das Gefühl, einem solchen Wesen noch nie zuvor begegnet zu sein. Dies war das erste von vielen Treffen dieser Art, zu denen so viele Außenstehende eingeladen waren, wie der große Salon fassen konnte. Was waren das für Abende! Hochlandwürdige saßen da und starrten sie mit offenem Mund an Staunen mit ihrem Mund, gehalten von ihrer Hexerei, ihren seltsamen Geschichten aus dem wirklichen Leben, von ihrer Weisheit und ihrem Pathos. Ihre Stimme, reich und süß, verfiel manchmal in verträumte Kadenzen und steigerte sich manchmal zum Signalhorn eines Sturms. Sie begeisterte die Menschen und sie ließ sie schmelzen. Ihre Augen waren wundervoll. Manchmal ruhten sie mit einem sanften und anziehenden Blick auf einer Person im Publikum, dann glänzten und loderten sie vor heiliger Leidenschaft. Ihre langen Arme mit ihren feinen, spitz zulaufenden Fingern – wie sie dabei halfen, ihre Gedanken auszudrücken! Aber es war das Gesicht, das den größten Ausdruck bot, und während die Emotionen auf ihren eigenen mobilen Gesichtszügen spielten , berührte sie auch die tiefen Saiten im Herzen jedes Pfarrers. Was uns am meisten beeindruckte, war der Zugang, den sie zu den Herzen der Büßer gewann. Die Mutterliebe in ihr war so tief und real, dass wir alle das Gefühl hatten, wir könnten ihr auch unser heiliges Vertrauen schenken. Ein Lieblingswort von ihr stammte aus dem heiligen Augustinus: „Liebe und tue, was du willst", und jeder Mann in unserer Firma hatte das Gefühl, dass sie ein lebendiges Beispiel dafür war. Ihre schöne und erlesene Sprache, einfach, frisch, hervorragend passend und mit hervorragender Leichtigkeit und Meisterschaft eingesetzt, war immer wieder ein Erstaunen. Sie versuchte nie, Ansprachen oder Darlegungen zu halten, aber ihre Vorträge, denn sie würde keinen anderen Namen verwenden, waren von Zeit zu Zeit mit Texten gespickt, die wie ein Aufblitzen flammender Diamanten kamen.

So offenbarte sie sich Männern, die wissen, dass die Pflege aller Sorgen die „Heilung" der Seelen ist – *cura curarum cura Animarum* . Sie warnte sie, dass das „apostolische Leben", die christusähnlichste aller Berufungen, nur für diejenigen sei, die bereit sind, „das zu füllen, was an den Leiden Christi fehlt". Gebet und Fasten, Liebe und Opferbereitschaft, echte Askese gepaart mit freudigem Enthusiasmus sind die Voraussetzungen für den Erfolg im nie endenden Kampf mit dem Bösen. Die Welt wird immer ein weites Schlachtfeld sein. Aber der lebendige Christus gibt so viel von seiner wahren Gegenwart, dass sein Dienst Freiheit ist und seine Belohnungen sicher sind. Kein Hauch menschlichen Lobes kann mit der inbrünstigen und lebenslangen Dankbarkeit verglichen werden, die Seelen, die vor den Mächten der Dunkelheit gerettet wurden, ihrem Befreier entgegenbringen. Seitdem die Marschallin die französische Sprache aufgegeben hat – vielleicht nur für eine gewisse Zeit – und ihre Muttersprache wieder angenommen hat, hat sie buchstäblich Tausende von englischen Briefen aus beiden Kontinenten erhalten, die von den Segnungen zeugen, die sie durch ihren Dienst erhalten hat. Ich gebe hier einige sorgfältig ausgewählte Auszüge aus diesen Briefen mit einigen einleitenden Worten.

Eines Sonntagmorgens, als die Marschallin vor einer großen Gemeinde eine Ansprache halten wollte, flüsterte ihr der Pfarrer zu: „Sehen Sie diese beiden jungen Damen in Schwarz, wenn Sie etwas mit ihnen anfangen könnten, wäre das ein Wunder."

Bei einer der Nachbesprechungen der Mission trat der Marschall an die ältere dieser Damen heran und wagte es, mit ihr zu sprechen, aber ihre starke Zurückhaltung machte ein Gespräch unmöglich. Eine Wolke völliger Verzweiflung schien sich über ihren Geist gelegt zu haben. Der Ausdruck in ihren Augen verriet eine Trauer, die zu tief war, um sie in Worte fassen zu können.

Das ist ihre Geschichte:

„Eines Nachts um zwölf Uhr kam ich mit meiner Mutter und meiner einzigen Schwester von einer Geschäftsreise nach Hause. Ich fand die Leiche meines Vaters hängend im Flur! Ich war so entsetzt, dass ich mich einen Moment lang nicht bewegen konnte, als ich mich wieder erholte Geistesgegenwart löschte ich das Licht und rief meine Mutter und meine Schwester zu einer anderen Tür, gerade rechtzeitig, um zu verhindern, dass sie den Anblick sahen. *Aber ich kann es nie vergessen!*

„Dann verschlechterte sich der Gesundheitszustand meiner Mutter und ich habe sie vier Jahre lang treu beobachtet und gepflegt.

„Während dieses zweiten schmerzhaften Prozesses erhielt ich die erschreckende Nachricht, dass mein liebster und einziger Bruder beim

Fahren seines eigenen Autos einen schweren Unfall erlitten hatte . Als ich in aller Eile im Krankenhaus ankam, wurde ich mit den Worten begrüßt: ‚Zu spät'." Er war weg! Die Szene, die folgte, ist zu schrecklich, als dass ich darüber sprechen könnte. Wir haben ihn angebetet! Die Auswirkungen des Schocks beschleunigten den Tod meiner Mutter. Wir verabschiedeten uns von ihr, und oh, die Erinnerung daran verfolgt mich immer noch.

„Nach dem Tod meiner Mutter verließen meine Schwester und ich das Haus der Tragödie, zusammengebrochen vor Kummer und Kummer. Diese Schläge überstiegen meine Kraft. Vergebens suchte ich nach einem Lichtstrahl des Trostes. Dann wurde ich nachlässig! Der Wein begann zu schwinden Ich wurde festgehalten, und ich versank in Tiefen der Verzweiflung, die nur Sie kennen. Ich dachte wirklich, dass es keinen Gott gäbe, und dachte darüber nach, meiner eigenen Existenz ein Ende zu setzen.

„Während all dem blickte der Herr in zärtlichem Mitgefühl und Liebe auf mich herab. Er hat Sie in dieser kritischen Zeit meiner traurigen Karriere gesandt."

„Wenn ich auf die Vergangenheit zurückblicke, kann ich Gott nur dafür loben, was er durch Sie für mich getan hat.

„Jetzt bin ich mir der Tatsache bewusst, dass Er mich durch das kostbare Blut gewaschen und erlöst hat. Jesus ist mir sehr lieb. Er ist das Maiglöckchen, die Schönste unter Zehntausenden für meine Seele. Die Freuden der Welt haben es." fortan keine Anziehungskraft mehr für mich, in Ihm kann ich alle Versuchungen überwinden."

Das Folgende stammt von einem Herrn in Amerika, der 35 Jahre lang nie eine Kirche betreten hatte. Einmal hörte er zufällig die Marschallin , und als er in die Sakristei stürmte, brach er völlig zusammen und erzählte ihr die tragische Geschichte seines Lebens.

Er war ein uneheliches Kind, und seine Mutter schlug ihn oft, bis ihm das Blut floss. Als Junge kämpfte er hart darum, gut zu sein, und obwohl er manchmal durch den Alkohol in die Irre geführt wurde, mied er stets alles Unmoralische.

Er heiratete ein süßes deutsches Mädchen und erlangte durch ehrliche Arbeit eine sehr gute Stellung in New York, wo er von allen, die ihn kannten, geschätzt wurde.

Zu diesem Zeitpunkt traf er die Französin, die sein Leben ruinierte. Er erzählte dem Marschall unter Tränen, dass seine Frau sich natürlich weigerte, ihn zurückzunehmen. Gewissensbisse und seelische Qualen hatten ihn zweimal zu einem Selbstmordversuch getrieben, doch er wurde auf wundersame Weise gerettet. Im Januar 1914 schreibt er:

„Liebe Marschallin und verehrte geistliche Mutter:

„Mit Freude habe ich Ihren lieben Brief erhalten. Gott war in der Tat wunderbar gut zu mir, einem unverdienten Sünder! Er hat den Stein von einem Herzen weggerollt, das voller Sünde und Kummer war. Ich danke ihm täglich für seine Barmherzigkeit und sein Staunen." Wie ich jemals so lange ohne Ihn hätte leben können. Kein Wunder, dass ich versagt habe und verloren gewesen wäre, wenn ich Ihn nicht endlich durch Dich gefunden hätte, liebe Maréchale . Das Leben hat einen neuen Sinn für mich. Es ist eine Freude, jetzt zu leben, und vorher war es ein Fluch. Die Musiker spielen Ragtime, während ich das schreibe, aber Gott spielt eine andere Melodie in meinem Herzen. Ich danke ihm für die Gelegenheit, die ich hier habe, Gutes zu tun. Gott hat mich tatsächlich verändert. Er hat gegeben Ich habe große Macht über den Geist meiner Männer. Die Veränderung, die ich mit seiner Hilfe in zwei kurzen Wochen in ihrer Natur bewirken konnte, ist wunderbar zu sehen. Ich bin glücklich, sehr glücklich.

„Es gibt sicherlich einen Teufel, denn er hat mich sehr versucht, aber ich schüttele ihn wie eine Feder ab und lächle glücklich in meiner gottgegebenen Kraft. Ich sage zu ihm: ‚Ich fürchte dich nicht, denn ich gehöre für immer Christus Jesus.' .'

„Ich befinde mich tatsächlich an einem unheiligen Ort. Es ist in jeder Form dem Teufel ausgeliefert, aber was zählt, ich gehöre für alle Zeiten zu Christus."

„Im Gebet und in Demut danke und grüße ich Dich, geliebte Marschallin ."

Ein schönes Mädchen in der Gesellschaft schreibt Folgendes:

„Die ganze Nacht habe ich mir immer wieder deinen Namen zugeflüstert und gesagt: ‚Du hast mir das Leben geschenkt, Maréchale , hörst du mich? LEBEN!!!!' Ich starb vor Reue und Angst. Ich schaudere, wenn ich daran denke, was aus mir geworden wäre, wenn ich nicht zu dir gekommen wäre. Ich sagte mir immer: „Oh, was nützt das, ich habe unvorstellbar gesündigt, Warum also nicht immer und immer wieder sündigen? Ich bin sowieso für die Hölle bestimmt, ich kann genauso gut dorthin gelangen, so schnell ich kann" – davor hast du mich gerettet.

„Ich frage mich, wie oft ich gebetet habe: ‚Lass mich vergessen, lass mich nur vergessen', und je mehr ich betete, desto mehr erinnerte ich mich, und je mehr ich mich erinnerte, desto mehr Angst bekam ich, bis das Leben so schien Wenn du mir entgleitest, falle ich hinab, hinab, hinab, in einen bodenlosen Abgrund des Grauens ... Und jetzt LEBE ICH!!!! Oh, Maréchale (wie ich diesen Namen liebe, er klingt für mich wie Musik!) Meine Mutter hat meinem armen, elenden Körper Leben gegeben, aber du hast meiner

Seele Leben gegeben. Meine Mutter hätte nichts dagegen, wenn ich dich liebe, wenn sie wüsste, dass du mich ihr zurückgegeben hast.

Wieder schreibt sie: „Ich habe allein gelebt, absolut allein. Gott allein weiß, wie völlig allein *ich* gewesen bin ! Mein Christus? Das Warme, was in meiner Seele flammt, ist das *Wissen, dass Er mich liebt* ! Jetzt weiß ich, warum ich all die Jahre mit leeren Händen nach etwas gesucht habe. Jetzt habe ich es, ich *LEBE!!!!* "

Ein junger Herr, dessen Leben sich durch die Teilnahme an den Treffen der Familie des Marschalls in Keswick veränderte, schreibt aus Beyrout , Syrien:

„Oh! Was für eine Verantwortung liegt es für uns, die Botschafter Christi zu sein, ihn gegenüber denen zu repräsentieren, die ihn nicht kennen, sein Abbild zu sein! Wären da nicht wir Christen, die ihm so oft im Weg stehen, Christus." könnte eine Chance haben. Einige der College-Männer treffen sich täglich in meinem Zimmer, um zu beten, und ich wünschte, Sie könnten sie auf Englisch, Arabisch, Türkisch, Armenisch und sogar Abessinier beten hören. Sie würden die Worte nicht verstehen, aber Sie könnten sich nie irren der Geist.

„Heute habe ich einen Mann eingeladen, von dem ich weiß, dass er in einem schrecklichen Laster steckt. Er kam, und während der halben Stunde sah er aus, als hätte er beim Kommen einen Fehler gemacht, aber bevor er ging, war er hereingekommen Gebet um Kraft, die Versuchung zu überwinden.

„Glauben Sie nicht, dass Amerika ein schönes Land ist? Und doch ist es trotz all seiner großen Ressourcen, Möglichkeiten und phänomenalen Fortschritte in vielen Teilen ein sehr böses Land. Rassen, Nationen und Einzelpersonen können gedeihen und bei Plänen zur Verbesserung erfolgreich sein immer noch ohne die Erkenntnis Gottes sein – sie mögen „gut, aber gottlos" sein.

THE MARÉCHALE
(Aus einem Foto, aufgenommen im Gainsborough Studio,
Oxford Street, London, W., 1913)

Mit der Hommage eines dankbaren Herzens kann diese Skizze gebührend abgeschlossen werden.

„Ich wurde in der Vergangenheit bei der Bekehrung von Hunderten von Seelen eingesetzt, aber ich bin einen *Kompromiss eingegangen* , und das hat den Ruin meiner Seele bedeutet. Niemand weiß, wie abscheulich ich gewesen bin und dass ich es verdient habe, von Gott und den Menschen im Stich gelassen zu werden … Ich hatte beschlossen, meine Existenz zu beenden, aber irgendwie wurde ich zu diesem Treffen gebracht, um von dieser russischen Dame zu hören. Schon damals *beschloss ich* , dass du mich nicht beeinflussen solltest, aber Gott hatte durch dich irgendwie mein Leben im Griff. Ich sah mich im wahren Licht als (Ich sage die Worte nicht in ihrem üblichen Sinne: ein „verdammter Heuchler". Vergessen Sie nicht, die Worte, die mich erreicht haben, immer wieder zu wiederholen: „Ein Kompromiss mit der Welt bedeutet den Untergang." Das brannte sich in meine Seele … Ich erinnere mich, dass mir während Ihrer Rede ein großer Kloß im Hals aufstieg und gerade als Sie Ihre Ansprache beendeten, kam mir der Gedanke: „Ich frage mich, ob sie es verstehen würde." Ja, mehr noch, ich erinnere mich daran, wie du mich an diesem Tag empfangen hast. Gott segne dich. Ich bin aus der Hölle gekommen. Ich habe einen klaren Himmel. Ich möchte dich wissen lassen, dass das Bewusstsein der Vergebung der Vergangenheit mit fast überwältigender Kraft gekommen ist , und eine schreckliche Last ist verschwunden. Keine Tochter hat ihre Mutter jemals mehr geliebt als ich dich, das weiß ich. Warum ist das so? Weil Gott dich zum Mittel meiner Erlösung gemacht hat. Mein Herz platzt vor Liebe und Dankbarkeit. Also gehöre ich dir , und an diesem letzten großen Tag wirst du es sehen, wenn ich endlich durchkomme ... Lieber, hast du jemals daran gedacht – jemand rettet durch tapfere Anstrengung Leben vor Feuer oder Schiffbruch; die Welt applaudiert und ehrt ihn Erlöser. Du (durch die Gnade Gottes) hast mich vor dem Schiffbruch meiner Seele gerettet. Christus wird es vor seinem Vater und all den unzähligen Scharen anerkennen."

DAS ENDE

www.ingramcontent.com/pod-product-compliance
Lightning Source LLC
LaVergne TN
LVHW042202190726
843493LV00006B/1782